BTS와 철학하기

BTS와 철학하기

1판 1쇄 인쇄 2021. 11. 11.
1판 1쇄 발행 2021. 11. 29.

지은이 김광식

발행인 고세규
편집 이혜민 디자인 조은아 마케팅 고은미 홍보 이한솔
발행처 김영사
등록 1979년 5월 17일(제406-2003-036호)
주소 경기도 파주시 문발로 197(문발동) 우편번호 10881
전화 마케팅부 031)955-3100, 편집부 031)955-3200 | 팩스 031)955-3111

KOMCA 승인 필

값은 뒤표지에 있습니다.
ISBN 978-89-349-4419-5 03100

홈페이지 www.gimmyoung.com   블로그 blog.naver.com/gybook
인스타그램 instagram.com/gimmyoung   이메일 bestbook@gimmyoung.com

좋은 독자가 좋은 책을 만듭니다.
김영사는 독자 여러분의 의견에 항상 귀 기울이고 있습니다.

BTS와 철학하기

김광식 지음

소유에서 존재로,
넘버원에서 온리원으로,
진리에서 일상으로

Philosophy

Freedom

Dancing

Being

Wake up

Uniqueness

Love Myself

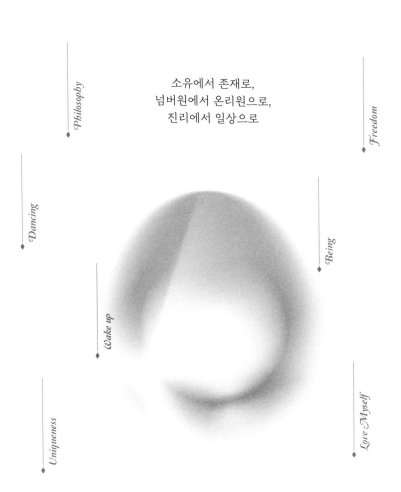

김영사

자유는 가르칠 수 없다
스스로 깨우칠 수 있을 뿐이다

일러두기
· 앨범, 책 제목은《》로, 노래, 시, 그림, 영화 제목은〈〉로 표기했다.
· 인용문의 [ ]는 ① 보충하는 내용을 넣을 때, ② 원문의 단어를 같은 의미의 좀 더 유
  연한 다른 단어로 바꾸어 표현하고자 할 때 사용했다.
· 이 책에 수록된 BTS 가사 인용은 한국음악저작권협회의 승인을 받았다.
· 가사의 맞춤법과 띄어쓰기는 작사가의 의도를 훼손하지 않는 내에서 국립국어원의
  표기를 따랐다.

BulleTproof BoyS
for Freedom

"모든 문화는
[인간을] (···) 가축으로 길들이려 한다.
이것은 인류의 퇴보다."
_니체, 《도덕의 계보》**1**

    BTS의 정신은 자유다. BTS는 자유를 노래한다. BTS는 자유를 억압하는 모든 강요와 편견을 막아내는 '방탄'소년단이다. 모든 문화는 머물러 있으려는 강력한 관성을 지니고 있다. 그래서 우리는 문화에 얽매이고 길든다. 문화는 인류의 위대한 유산이지만 한편으로 우리를 철저히 구속한다. BTS는 모든 문화의 구속에서 우리를 해방하기 위해 맨주먹을 들고 진군한다. "싹 다 불태워라!"라고 외치며.
    현대 철학의 정신도 자유다. 현대 철학도 자유를 노래한다. 현대 철학은 자유를 억압하는 모든 생각과 믿음을 막아내는 '방탄'소년단이다. 현대 철학은 우리를 얽매고 길들이는 모든 문화의 구속에서 우리를 해방하기 위해 맨주먹을 들고 진군한다. "싹 다 해체하라!"라고 외치며. 자유는 태생적으로 혁명적이다. 구속하려는 자는 목숨을 걸고 막으려 한다. 그러므로 벗어나려는 자는 목숨을 걸고 싸우지 않으면 벗어날 수 없다.

BTS의 노래와 현대 철학은 서로를 비추는 거울 같다. 너무나 달콤하지만 치명적인 자유의 유혹과 방황을 노래하는 〈피 땀 눈물〉은 춤추는 별을 낳으려면 혼돈을 지녀야 한다고 이야기하는 초인의 철학과 니체를 만나고, 깜깜한 심연에 기꺼이 잠기길 노래하는 〈On〉은 죽음에서 삶의 무한한 가능성이 열린다고 이야기하는 죽음의 철학과 하이데거를 만난다.

슬퍼도 기쁜 척, 아파도 강한 척, 네가 좋아하는 나로 변한 나를 노래하는 〈Fake Love〉는 우리가 다른 사람의 욕망을 욕망한다고 이야기하는 욕망의 철학과 라캉을 만나고, 포기와 절망을 강요하는 세상에 맞서 "예"라 말하기 싫다고 노래하는 〈쩔어〉는 포기와 절망으로 내모는 획일화된 돈에 대한 욕망을 비판하고 사방으로 탈주하는 욕망을 이야기하는 리좀의 철학과 들뢰즈를 만난다.

우리의 행복을 위해 너희를 차디찬 겨울 속에 가둔 우리가 밉다며 봄날이 오길 노래하는 〈봄날〉은 정의롭지 않은 행복의 가벼움을 이야기하는 정의의 철학과 롤스를 만나고, 이카루스의 날개로 태양이 아닌 너에게로 갈 거라 노래하는 〈작은 것들을 위한 시〉는 거창한 진리가 아닌 너의 고통으로 다가가 연대하자고 이야기하는 아이러니의 철학과 로티를 만난다.

감히 'BTS의 철학'을 시도하지 않는다. BTS와 철학의 만남을 엿볼 뿐이다. 보다 정직하게 말하자면, BTS와 김광식의 만남이다. BTS는 노래로, 김광식은 철학으로 자유를 위해 알을 깨고 날아오르려는 당신의 외롭고 고귀한 날갯짓을 돕고자 한다. 'BTS vs 김광식', 자유를 위한 철학 콘서트에 당신을 초대한다. 웰컴! 자유를 위한 춤을 허락한다. 당신을 춤추게 하리라. 버터처럼 부드럽게! 자유롭지 못한 사람만 와라. 이미 자유로운 사람은 사절이다.

《김광석과 철학하기》에 이어 이번에도 흔쾌히 도움을 주신 김영사의 모든 분께 감사드린다. 추천사를 써주신 임진모 평론가님, 박찬국 교수님께도 깊이 감사드린다. 무엇보다 사랑하는 가족에게 고마움을 전한다. 산책의 즐거움을 희생한 강아지 루루도 고맙다. 마지막으로 BTS와 김광식에게도 감사드린다. 이제 모두 자유다. Dobby is free!

2021. 11
관악산에서
Dobby 김광식

차례

Permission to Philosophy for Freedom
Philosophy like Butter

◆

BTS vs 니체

'피 땀 눈물'과
초인의 철학

Philosophy

Freedom

Dancing

Being

Wake up

Uniqueness

Love Myself

| # 피 땀 눈물

내 피 땀 눈물 내 마지막 춤을
다 가져가 가
내 피 땀 눈물 내 차가운 숨을
다 가져가 가
내 피 땀 눈물

내 피 땀 눈물도
내 몸 마음 영혼도
너의 것인 걸 잘 알고 있어
이건 나를 벌받게 할 주문

Peaches and cream
Sweeter than sweet
Chocolate cheeks
and chocolate wings
But 너의 날개는 악마의 것
너의 그 sweet 앞엔 bitter bitter

Kiss me 아파도 돼 어서 날 조여줘
더 이상 아플 수도 없게
Baby 취해도 돼 이제 널 들이켜
목 깊숙이 너란 위스키

내 피 땀 눈물 내 마지막 춤을
다 가져가 가
내 피 땀 눈물 내 차가운 숨을
다 가져가 가

원해 많이 많이 많이 많이
원해 많이 많이 많이 많이 많이 많이
원해 많이 많이 많이 많이
원해 많이 많이 많이 많이 많이 많이
아파도 돼 날 묶어줘 내가 도망칠 수 없게
꽉 쥐고 날 흔들어줘 내가 정신 못 차리게

Kiss me on the lips lips 둘만의 비밀
너란 감옥에 중독돼 깊이
니가 아닌 다른 사람 섬기지 못해
알면서도 삼켜버린 독이 든 성배

내 피 땀 눈물 내 마지막 춤을
다 가져가 가
내 피 땀 눈물 내 차가운 숨을
다 가져가 가

원해 많이 많이 많이 많이
원해 많이 많이 많이 많이 많이 많이
원해 많이 많이 많이 많이
원해 많이 많이 많이 많이 많이 많이
나를 부드럽게 죽여줘
너의 손길로 눈감겨줘

어차피 거부할 수조차 없어
더는 도망갈 수조차 없어
니가 너무 달콤해 너무 달콤해
너무 달콤해서
내 피 땀 눈물
내 피 땀 눈물

작사·작곡 Pdogg, RM, 슈가, 제이홉, 방시혁, 김도훈(RBW)
노래 BTS

더는 도망갈 수조차 없어
니가 너무 달콤해

〈피 땀 눈물〉의 핵심 노랫말은 "더는 도망갈 수조차 없어. 니가 너무 달콤해"다. 〈피 땀 눈물〉은 사랑의 유혹 또는 자유의 유혹을 이야기하는 노래다. 사랑이나 자유의 유혹은 '독이 든 성배'처럼 위험천만하고 치명적이라는 것을 알면서도 삼킨다. 감옥에 갇힌 듯 중독되어 더는 도망갈 수 없다. 사랑이나 자유의 유혹은 우리를 파괴하거나 성장시킨다. 아니, 파괴해서 성장시킨다! 사랑이나 자유의 유혹이라는 열쇠 말로 노랫말을 풀어보자.

사랑이나 자유의 유혹은 초콜릿 빵과 날개를 지닌 악마처럼 위험천만하고 치명적이어서 너무나 쓰고 아프지만 부드러운 복숭아와 크림, 초콜릿처럼 너무나 달콤해서 입술에 입 맞추고 위험을 알면서도 삼켜버린다. 사랑이나 자유의 유혹은 독이 든 성배에 담긴 매혹적인 위스키처

럼 위험한 걸 알면서도 더 이상 아플 수도 없게 날 조여도
될 만큼 많이 많이 많이 원해 목 깊숙이 들이켠다.

사랑이나 자유의 유혹은 둘만의 비밀에 갇혀 다른 이를
섬기지 못하게 하며 서로에게 취하고 중독되어 감옥에
갇힌 듯 날 묶어 내가 더는 도망칠 수 없게, 어차피 거부
할 수조차 없게 꽉 쥐고 날 흔들어 정신 못 차리게 한다.

사랑이나 자유의 유혹은 성장을 위해 나를 벌받게 하는
주문과 같아서 내 피 땀 눈물, 내 몸 마음 영혼까지, 내 마
지막 춤과 내 차가운 숨까지도 다 바치게 한다.

마침내 사랑이나 자유의 유혹은 나를 부드럽게 죽여주길,
악마의 손길로 눈감겨주길 원하게 한다. 사랑이나 자유의
유혹은 우리를 방황하게 하며 파괴하거나 성장시킨다. 아
니, 방황하게 하고 파괴하여 성장시킨다!

〈피 땀 눈물〉은 2016년에 나온 앨범《WINGS》의 타이틀
곡이다.《WINGS》는 "난생처음 유혹과 마주해 고민하고 갈등
하는 청소년들의 노래"이며 "멤버들의 자전적 이야기"가 담겨
있다. BTS는《WINGS》를 헤르만 헤세Hermann Hesse의 소설
《데미안Demian》을 모티브로 삼아 제작했다고 밝혔다. 앨범
제목《WINGS》는 알을 깨고 비상하는 새의 날갯짓을 상징한
다. "고통과 환희를 반복하는 일곱 소년들의 모습은"《데미안》
의 유명한 상징인 "알에서 깨어나 날아오르려는 새들의 날갯
짓"을 연상하게 한다.[1]

타이틀곡 〈피 땀 눈물〉의 뮤직비디오에도《데미안》의 세

계관을 상징하는 내용이 곳곳에 담겨 있다. 선과 악의 대비를 보여주는 조각상, 타락과 추락의 이미지를 나타내는 그림 〈반란 천사의 몰락The Fall of the Rebel Angels〉과 〈이카루스를 위한 탄식The Lament for Icarus〉, RM이 마시는 '독이 든 성배' 같은 압생트, 뷔가 그림 〈이카루스의 추락이 있는 풍경Landscape with the Fall of Icarus〉으로 추락하는 장면, 진이 유혹에 빠져 검은 날개를 펼친 반란 천사에게 키스하는 장면 등 수많은 상징이 곳곳에 숨어 있다. 〈피 땀 눈물〉은 이렇듯 성장 과정에서 마주하는 "거부할 수 없는 유혹에 빠진 소년의 혼란스러운 마음"을 노래한다.[2] 소설 《데미안》을 바탕으로 BTS가 〈피 땀 눈물〉로 전하고자 하는 메시지를 살펴보자.

새는 알에서 나오려고 싸운다

|

새는 알에서 나오려고 싸운다. 알은 곧 세계다. 태어나려고 하는 자는 하나의 세계를 파괴해야만 한다. 그 새는 신을 향해 날아간다. 그 신의 이름은 아브락사스다.
_헤세, 《데미안》[3]

아브락사스는 세상을 창조하는 존재다. 그는 세상 모든 것을 완전히 새로 만들어내야 한다. 창조하는 존재는 자유로운 존재다. 주어진 선과 악이란 틀에 갇히면 새로운 세상을 창조할 수 없다. 그는 선과 악의 저편에 있다. 나만의 고유한 세상을 만드는 아브락사스가 되려면 나에게 주어진 모든 선과 악의 틀을 깨야 한다. 아브락사스는 바로 나 자신이다.

|

나는 정말 내 속에서 솟아 나오려는 것을 살아보려고 했다. 그것이 왜 그렇게 힘들었을까?

_헤세, 《데미안》

《데미안》은 이 말로 시작한다. 나의 모든 생각과 행동이 나로부터 말미암는 자유로운 삶을 살아간다는 것은 내가 아브락사스가 되어 나만의 고유한 세상을 창조하는 일이다. 이것이 바로 성장이다. 부모나 세상에 더 이상 의존하지 않고 내 삶의 온전한 주인이 되는 것이다. BTS가 피 땀 눈물, 몸 마음 영혼까지, 마지막 춤과 차가운 숨까지도 다 바쳐 이루고자 하는 게 바로 이러한 성장이다.

어떻게 해야 내 삶의 주인이 될 수 있을까? 생각의 주인이 되어야 한다. 생각의 주인이 되려면 어떻게 해야 할까? 주어진 생각의 틀을 의심하고 넘어서야 한다. 주어진 생각의 틀을 의심하고 넘어서려는 시도가 바로 방황이다. 《데미안》은 주인공 싱클레어가 주어진 생각의 틀을 넘어서려 고군분투하는 수많은 방황의 에피소드로 가득하다. 가장 충격적인 에피소드의 주인공은 싱클레어의 친구 데미안이다. 데미안은 싱클레어에게 성경 속 인물인 동생 아벨을 죽인 형 카인에 대한 아주 충격적인 생각을 들려준다. 카인은 무서운 힘과 뛰어난 지혜, 대담한 용기와 강한 개성을 지닌 사람임이 틀림없으며 사람들은 그런 그를 두려워해 저주받은 악한 사람이라 이야기한 것이라고 말한다.

싱클레어는 지금껏 자신이 아벨로 살아왔음을 깨닫고, 겉으로는 밝고 깨끗해 보이지만 속은 두려워서 음모를 꾸미는 아벨의 세계를 경멸한다. 한편 데미안이야말로 카인이며 자신 속에도 아벨을 살해하려는 카인이 도사리고 있음을 엿본다. 아벨의 세계는 아버지의 세계다. 아벨의 세계는 개성과 자유를 억압하고 아버지로 상징되는 세상의 질서를 강요하는 세계다. 그래서 그는 아버지를 살해하는 꿈을 꾼다. 새는 알을 깨고 나와야 날아오를 수 있다. 새로 태어나려 하는 자는 주어진 익숙한 세계를 파괴해야만 한다. 부친 살해는 창조 신화의 영원한 상징이다. 우주의 신 크로노스는 아버지 우라노스를 거세하고 그 아들 제우스는 아버지 크로노스를 제거한다. BTS가 독이 든 성배에 담긴 매혹적인 위스키처럼 위험한 걸 알면서도 많이 많이 많이 원해 목 깊숙이 들이켜는 게 바로 새로 태어나기 위해 주어진 생각의 틀을 의심하고 익숙한 아버지의 세계를 파괴하는 위험한 방황이다.

유혹은 악마적이다
천사의 유혹 따위는 없다

왜 이러한 위험천만한 방황을 하게 될까? 무엇보다 달콤하지만 치명적인 사랑의 유혹 때문이다. 싱클레어에게도 사랑은 치명적인 유혹이자 죄악으로 찾아온다. 알을 깨고 나오는 새와 선한 신이자 악의 신인 창조주 아브락사스에 관련된 글귀를 데미안에게 받은 뒤 꿈속에서 사랑스러운 여인과 포옹한다. 그가 꿈속에서 포옹한 연인이자 악마는 놀랍게도 데미안의 어머니, 에바 부인이다. 그는 기쁨과 두려움을, 행복감과 죄책감을, 성스러움과 전율을 동시에 느끼며 아브락사스를 본다. 그에게 사랑은 천사이자 악마다. BTS가 초콜릿 뺨과 날개를 지닌 악마처럼 위험천만하고 치명적이어서 너무나 쓰고 아프지만 부드러운 복숭아와 크림, 초콜릿처럼 너무나 달콤해서 입술에 입 맞추고 위험을 알면서도 삼켜버린 게 바로 그러한 사랑의 유혹이다.

어머니를 사랑하고 아버지를 살해하도록 충동질하는 사랑의 유혹은 BTS로 하여금 피 땀 눈물을 바쳐 마침내 부드럽게 죽여주길, '악마'의 손길로 눈감겨주길 원하도록 만든다. 유혹은 태생부터 악마적이다. 천사의 유혹 따위는 없다. 왜일까? 유혹은 늘 주어진 선線 또는 선善을 넘는 일이기 때문이다. 넘지 말아야 할 주어진 선이 없다면 악은 탄생할 수 없다. 태초에는 천사만 있었을 뿐, 악마는 없었다. 적어도 신이 넘지 말아야 할 선을 만들기 전까지는. 금지는 유혹을 낳고, 유혹은 악마를 낳는다. 반란이나 타락이나 추락은 금지가 낳은 창조물이다. 천사가 반란을 일으켜 몰락하고 이카루스가 태양을 향해 날아오르다 추락하는 사건의 참된 뜻은 금지에 대한 도전이요, 주어진 선을 넘으려는, 자유를 향한, 성장을 위한 위험천만한 시도다. 그래서 BTS의 진은 검은 날개를 활짝 펼친 반란 천사에게 키스하려 한다.

〈피 땀 눈물〉의 핵심 메시지가 악도 행해봐야, 악마도 되어봐야 성장할 수 있다는 것일까? 아니다. 아니다. 아니다. 핵심 메시지는 악행이 아니라 방황이다. 넘지 말아야 할 주어진 선에 대한 의심이다. 주어진 선을 넘어서려는 태도다. '넘어서기'는 단순히 '반대로 하기'가 아니다. 어머니를 사랑하고 아버지를 살해하는 것이 넘어서기가 아니다. 주어진 선에 대한 맹목적인 순종이나 믿음에서 자유로워지는 것이다.

BTS는 '악마'의 유혹이 아니라 이러한 자유의 유혹에 사로잡힌 것이다. 자유의 유혹은 너무나 달콤해 감옥에 갇힌 듯 헤어 나올 수 없다. 더는 도망칠 수 없으며 거부할 수조차 없다. 자유의 유혹은 우리를 마구 흔들어놓아 정신을 못 차리게 만든다. 자유의 유혹은 피 땀 눈물, 몸 마음 영혼까지, 마지막 춤과 차가운 숨까지도 다 바치게 만든다. 자유의 유혹은 방황을 낳고, 방황은 자유와 성장을 낳는다.

ㅣ

어차피 거부할 수조차 없어
더는 도망갈 수조차 없어

니가 너무 달콤해 너무 달콤해
_BTS, 〈피 땀 눈물〉

춤추는 별을 낳으려면
혼돈을 지녀야 한다

BTS의 노래 〈피 땀 눈물〉에 담긴 위험천만하고 달콤한 유혹과 성장을 잘 보여주는 철학은 프리드리히 W. 니체 Friedrich W. Nietzsche의 초인의 철학이다. 〈피 땀 눈물〉 뮤직비디오는 다음과 같은 니체의 말로 마무리된다.

Man muss noch Chaos in sich haben,

um einen tanzenden Stern gebären zu können!

_Friedrich W. Nietzsche

"춤추는 별을 낳으려면 혼돈을 지녀야 한다"는 뜻이다. 니체가 《차라투스트라는 이렇게 말했다》 머리말에서 한 말이다. 춤추는 별을 낳는다는 것은 무슨 뜻일까? 자유로운 영혼을 지닌 초인을 창조하는 것이다. 초인超人이란 틀에 얽매인 보통 사람을 넘어서는 사람이다. 더 정확히 말하면 틀에 얽매인 자기 자신을 넘어서는 사람이다. 따라서 별을 낳으려면 혼돈을 지닐 수밖에 없다. 초인을 창조하려면 자기를 넘어서야 하니까. 자기를 넘어서려면 자기의 가치관을 넘어서야 하며, 자기의 가치관을 넘어서면 가치관의 혼돈에, 아노미 상태에 빠질 수밖에 없으니까.

보통 누군가를 넘어선다고 할 때는 주체와 대상이 서로 다르다. 그런데 초인 철학에서 넘어서야 할 대상은 자기이기 때문에 넘어서는 주체와 넘어서지는 대상이 동일하다. 넘어서지는 존재는 부정되어 내려가고, 넘어서는 존재는 긍정되어 올라간다. 그렇다면 '자기 넘어섬'은 자기를 부정하는 동시에 자기를 긍정하는 것이고, 자기를 내리는 동시에 자기를 올리는 것이다. 더 정확히 말하자면 자기를 부정해 자기를 긍정하는 것이고, 자기를 내려 자기를 올리는 것이다. 상승을 위한 몰락이고, 창조를 위한 파괴다. 창조를 위한 파괴만큼 위험천만하고 달콤한 모험은 없다. 내 피 땀 눈물 내 마지막 춤을 다 가져가도 좋을 만큼.

ǀ
나는 사랑하노라, 몰락하는 자로서가 아니라면 달리 살 줄 모르는 사람들을.
그런 자들이야말로 저기 [새로운] 저편으로 건너가고 있는 자들이기 때문이다.
_니체, 《차라투스트라는 이렇게 말했다》[4]

자기 긍정을 낳는 자기 부정과 타자 부정을 낳는 자기 부정은 다르다. 시기심이 몸에 밴 이는 자기를 긍정하지 못하고 부정한다. 그래서 그의 시선은 늘 밖으로 향하며 노예의 태도로 살아간다. 그의 눈에는 자기보다 뛰어난 다른 사람만 보인다. 그는 자기보다 뛰어난 다른 사람을 시기하고 부정하며 자기보다 뛰어난 다른 사람을 악한 사람이라고 도덕적으로 판단한다. 한편 자기보다 뛰어난 다른 사람이 호의를 베풀면 착한 사람이라고 도덕적으로 판단한다. 이것이 선과 악의 도덕, 다시 말해 선과 악으로 세상을 판단하는 노예 도덕의 기원이다.

반면 자긍심이 몸에 밴 이는 무엇보다 먼저 자기를 긍정한다. 그의 시선은 늘 안으로 향하며 주인의 태도로 살아간다. 그는 자기를 긍정하는 자기를 뿌듯하게 여기고 긍정한다. 그래서 자기를 긍정하는 사람을 좋은 사람이라고 도덕적으로 판단한다. 한편 자기를 긍정하지 못하는 사람은 나쁜 사람이라고 도덕적으로 판단한다. 이것이 좋음과 나쁨의 도덕, 다시 말해 좋음과 나쁨으로 세상을 판단하는 주인 도덕의 기원이다.

선과 악이라는 노예 도덕에 따라 사는 사람은 '너는 마땅히 이렇게 해야 한다'는 세상의 규범이나 틀을 숙명처럼 등에 지고 낙타처럼 순종한다. 그래야 스스로를 선한 사람이라 여긴다. 반면 좋음과 나쁨이라는 주인 도덕에 따라 사는 사람은 '나는 하고자 한다'는 마음가짐으로 세상의 규범과 틀을 갓 태어난 어린아이처럼 스스로 창조한다. 그래야 스스로를 좋은 사람이라 여긴다.

'피 땀 눈물'과 초인의 철학

이것이 삶이던가

좋다, 다시 한번!

초인 철학을 보다 발전시키는 개념인 '영원회귀'는 같은 삶이 영원히 돌고 돈다는 뜻이다. 같은 삶이 돌고 돌더라도 "이것이 삶이던가. 좋다, 다시 한번!"이라고 말할 수 있도록 자기와 자기 삶을 긍정하라는 메시지다. 다시 말해 자기나 자기 삶이 아니라고 부정하고픈 자기를 넘어 자기를 긍정하는 태도로 살라는 말이다.

영원회귀를 그림으로 그리면 원이다. 보통 영원회귀는 자기 꼬리를 물고 있는 뱀 모양인 우로보로스ouroboros로 표현된다. 원을 보면 어디가 시작이고 끝인지 알 수 없다. 보통 시간은 원이 아니라 직선으로 흐른다고 여긴다. 기독교의 역사관이 대표적이다. 시작이 있고 끝이 있다. 다시 말해 기원과 목적이 있다. 목적이라는 끝을 향해 가는 삶의 순간순간은 목적을 실현하는 수단일 뿐이다. 그런데 시간을 원으로 보면 삶의 모든 순간이 목적이자 중심이 된다. 중요하지 않은 순간이 없다. 모든 순간이 소중하다.

누구나 살다 보면 부정하고 싶은, 지우고 싶은 순간이 있다. 하지만 그 모든 순간이 모여 오늘의 내가 되었다. 부정하고 싶은 순간을 부정한다는 것은 오늘의 나를 부정하는 일이다. 자기를 부정하면 시기심에 사로잡히고, 시기심에 사로잡힌 이들은 자기보다 뛰어난 다른 사람들을 부정하게 된다. 행복할 리 없다. 부정하고 싶은 순간을 부정하고픈 자기 자신을 부정하고 넘어서는 이가 바로 초인이다. 예를 들어 닉 부이치

치처럼 팔다리가 없는 사람이 그것마저 긍정한다면 그야말로 진정한 초인이다.

하지만 초인은 단 한 번의 넘어섬으로 완성되지 않는다. 어느새 부정하고 싶은 순간을 부정하고픈 자기로 돌아가기 때문이다. 끊임없이 돌아가는 자기 부정의 태도를 끊임없이 넘어서는 게 초인이다. 우리는 자기를 부정하려는 자기와 자기를 긍정하려는 자기 사이의 끊임없는 겨룸과 혼돈 속에서 살아간다. 초인의 끊임없는 넘어섬은 끊임없는 초기화와 같다. 늘 처음처럼 새롭게 태어나 자기를 긍정하는 것이다. 폭발하지 않는 별은 빛나지 않는다. 춤추는 별은 끊임없는 자기 부정과 자기 긍정으로 빛난다. 결국 끊임없이 넘어서는 초인 사상과 끊임없이 돌고 도는 영원회귀 사상은 동전의 양면이다. 초인과 영원회귀 사상은 자기의 모든 운명을 사랑하라는 운명애의 메시지를 철학적으로 뒷받침하기 위한 것이며, 어떻게 살아야 하는지에 대한 실천적이고 철학적인 지침이다.

이것이 삶이던가.

좋다, 다시 한번!

_니체, 《차라투스트라는 이렇게 말했다》

독이 든 성배 vs 선악의 저편

BTS는 독이 든 성배를 알면서도 삼켜버린다. 너무 달콤해 더는 도망갈 수 없어서다. BTS가 알면서도 삼켜버린, 너무 달콤해 더는 도망갈 수 없게 만드는 독이 든 성배는 무엇일까? 자유다. 내가 하는 모든 생각과 행동이, 경험하는 느낌이 오로지 나로부터 말미암은 자유로운 삶이다. 스스로 창조하는 삶이다. 자유는 그 유혹에 사로잡혀 더는 도망갈 수 없을 정도로 달콤하면서도 독을 삼킨 것처럼 위험하다. 스스로의 자유로운 세계를 창조하기 위해 주어진 세계를, 주어진 가치·도덕·질서를 파괴해야 하니까. 새가 자유롭게 날기 위해서는 알을 깨야 하듯.

니체는 선악의 저편으로 가라 한다. 선악을 넘어서야 비로소 참된 그 무언가를 찾을 수 있어서다. 니체가 선악을 넘어 찾으려 한 참된 그 무언가는 무엇일까? 자유다. 자유는 짐승과 초인 사이를 오가는, 선과 악을 넘나드는, 까마득한 낭떠러

지 위를 지나는 외줄을 타듯 아찔하고 위험하다. 건너가는 것
도 위험하고, 그렇다고 중간에 머무르는 것도 위험하기 짝이
없다. 그럼에도 자유는 너무나 달콤하고 멋지다. 마치 아브락
사스처럼 모든 것을 자기 마음대로 창조할 수 있으니까. 추락
하는 것은 날개가 있듯.

자유는 저주받은 은총이다

태초에 아담과 이브가 살던 에덴동산은 하나님이 보시기
에 좋은 파라다이스였다. 하나님이 만드신 대로 질서 있게 돌
아가는 선한 세상이었으니까. 하지만 아담과 이브가 보기에는
좋지도 나쁘지도 않은 세상이었다. 그들은 무엇이 좋은지 나
쁜지조차 전혀 알지 못했기 때문이다. 그들에게는 무엇이 좋
은지 나쁜지 판단할 자유가 없었다.[5]

금지된 선악의 열매는 두려움의 대상인 동시에 유혹의 대
상이었다. 모든 잠긴 방이 그렇듯 금지된 것이기에. 아담과 이
브는 끝내 달콤한 유혹에 넘어가 선악의 열매를 먹는다. 이것
이 원죄다. 금지된 일을 해서라기보다 무엇이 좋은지 나쁜지
판단할 자유를 얻었기 때문이다. 자유로울 수밖에 없도록 저
주받은 것이다. 무엇이 좋은지 나쁜지 스스로 판단해야 하도
록 저주받은 것이다. 하지만 자유는 저주받은 은총이다. 내가
참된 나로 살 수 있으니까. 내가 하는 모든 생각과 행동이, 경
험하는 느낌이 오로지 나로부터 말미암은 자유로운 삶을 스
스로 창조하는 삶을 살 수 있으니까.

'피 땀 눈물'과 초인의 철학

누구나 태초의 아담과 이브로 돌아가 선도 악도 모른 채 마냥 행복하게 살고 싶을 때가 있다. 하지만 금지된 선악의 열매를 따 먹지 않는 이에겐, 자유의 독배를 삼키지 않는 이에겐 방황도 성장도 자유로운 삶도 없다. 초콜릿처럼 너무 달콤해서 위험한 것을 알면서도 악마의 입술에 입 맞추고, 매혹적인 위스키처럼 너무 달콤해서 위험한 것을 알면서도 독이 든 성배를 목 깊숙이 들이켜는 삶, 내 몸 마음 영혼까지, 내 마지막 춤과 내 차가운 숨까지도 다 바치게 하는 삶은 그에겐 없다. 우리를 방황하게 하고 성장시키는 자유의 유혹도 자유로운 삶도 없다. 피도 땀도 눈물도.

ㅣ

원해 많이 많이 많이 많이
원해 많이 많이 많이 많이 많이 많이[6]

.

.

.

.

.

.

.

뭘?

자유는 선과 악을 넘나드는 저주받은 은총이다
자유의 독배를 삼키지 않는 이에겐
방황도 성장도 자유로운 삶도 없다

Permission to Philosophy for Freedom
Philosophy like Butter

◆

BTS vs 하이데거

'On'과
죽음의 철학

Philosophy

Freedom

Dancing

Being

Wake up

Uniqueness

Love Myself

I can't understand what people are sayin'
어느 장단에 맞춰야 될지
한 발자국 떼면 한 발자국 커지는 shadow
잠에서 눈을 뜬 여긴 또 어디
어쩜 서울 또 New York or Paris
일어나니 휘청이는 몸

Look at my feet, look down
날 닮은 그림자
흔들리는 건 이놈인가
아니면 내 작은 발끝인가
두렵잖을 리 없잖아
다 괜찮을 리 없잖아
그래도 I know
서툴게 I flow
저 까만 바람과 함께 날아

Hey na na na
미치지 않으려면 미쳐야 해
Hey na na na
나를 다 던져 이 두 쪽 세상에
Hey na na na

Can't hold me down cuz you know I'm a fighter
제 발로 들어온 아름다운 감옥
Find me and I'm gonna live with ya
(Eh-oh)

가져와 bring the pain oh yeah
(Eh-oh)
올라타봐 bring the pain oh yeah

Rain be pourin'
Sky keep fallin'
Everyday oh na na na
(Eh-oh)
가져와 bring the pain oh yeah

Bring the pain
모두 내 피와 살이 되겠지
Bring the pain
No fear, 방법을 알겠으니
작은 것에 breathe
그건 어둠 속 내 산소와 빛
내가 나이게 하는 것들의 힘

넘어져도 다시 일어나 scream
넘어져도 다시 일어나 scream
언제나 우린 그랬으니
설령 내 무릎이 땅에 닿을지언정
파묻히지 않는 이상
그저 그런 해프닝쯤 될 거란 걸

Win no matter what
Win no matter what
Win no matter what
네가 뭐라던 누가 뭐라던

I don't give a uhh
I don't give a uhh
I don't give a uhh

Hey na na na
미치지 않으려면 미쳐야 해
Hey na na na
나를 다 던져 이 두 쪽 세상에
Hey na na na

Can't hold me down cuz you know I'm a fighter
제 발로 들어온 아름다운 감옥
Find me and I'm gonna live with ya
(Eh-oh)
가져와 bring the pain oh yeah
(Eh-oh)
올라타봐 bring the pain oh yeah

Rain be pourin'
Sky keep fallin'
Everyday oh na na na
(Eh-oh)

가져와 bring the pain oh yeah
나의 고통이 있는 곳에
내가 숨 쉬게 하소서
My everythin'
My blood and tears
Got no fears

I'm singin' ohhhhh
Oh I'm takin' over
You should know yeah

Can't hold me down cuz you know I'm a fighter
깜깜한 심연 속 기꺼이 잠겨
Find me and I'm gonna bleed with ya
(Eh-oh)

가져와 bring the pain oh yeah
(Eh-oh)
올라타봐 bring the pain oh yeah

Rain be pourin'
Sky keep fallin'
Everyday oh na na na
(Eh-oh)
Find me and I'm gonna bleed with ya
(Eh-oh)

가져와 bring the pain oh yeah
(Eh-oh)
올라타봐 bring the pain oh yeah
All that I know
is just goin' on & on & on & on
(Eh-oh)
가져와 bring the pain oh yeah

작사·작곡   Pdogg, RM, August Rigo, Melanie Joy Fontana, Michel 'Lindgren'
Schulz, 슈가, 제이홉, Antonina Armato, Krysta Youngs, Julia Ross
노래 BTS

나의 고통이 있는 곳에
내가 숨 쉬게 하소서

〈On〉의 핵심 노랫말은 "나의 고통이 있는 곳에 내가 숨 쉬게 하소서"다. 〈On〉은 삶의 그림자, 삶다운 삶의 고통을 이야기하는 노래다. 삶은 한 발자국 떼면 한 발자국 커지는 그림자처럼, 세상의 힘에 휘청이고 흔들리며 두렵고 고통스럽다. 하지만 삶다운 삶은 고통에도, 아니 고통 때문에 아름답고 살 만한 해프닝이다. 고통에도, 아니 고통 때문에 삶은 계속된다. 나의 고통이 있는 곳에 내가 숨 쉬게 하소서. 삶의 고통이라는 열쇠 말로 노랫말을 풀어보자.

삶은 한 발자국 떼면 한 발자국만큼 커지는, 사람들이 말하는 것에 장단 맞춰 이리저리 휘청이고 흔들리며 두려워하는 날 닮은 그림자 같다. 하지만 그림자가 나에게 맞춰 흔들리는지 내가 그림자에 맞춰 흔들리는지 알 수 없다. 어쩌면 둘 다일 수 있다. 그림자가 나이고, 내가 그림자니까. 환경 파괴로 까만 바람이 불어대고 가난한 자와 부유한 자로 두 쪽 난, 감옥같이 갑갑하고 어두운 미친 세상에서 휘청이고 흔들리며 사는 삶은 고통이다. 날마다 하늘이 내려앉고 고통이 비처럼 쏟아지며 심연 같은 나락으로 떨어지는 깜깜한 삶은 두려움이다. 그래도 아니 그래서 삶은 아름답고 살 만한 해프닝이다.

삶다운 삶은 미치지 않으려면 미쳐야 한다는 마음으로 고통 속으로 제 발로 들어가 아름다운 감옥으로 삼고 그 속에서 나를 찾고 고통과 함께 산다. 삶다운 삶은 고통을 가져와 고통 위에 올라타고 저 까만 바람과 함께 날며 미친 세상에 나를 던진다. 삶다운 삶은 고통을 두려워하지 않고 어둠 속 산소와 빛으로, 또 내가 나이게 하는 것들의 힘으로 삼아 그 무엇이라도 이겨내고 넘어져도 다시 일어나며 언제나 우린 그랬으니 설령 내 무릎이 땅에 닿을지언정 파묻히지 않는 이상 포기하지 않고 그저 그런 해프닝쯤으로 여긴다.

삶다운 삶은 나의 고통이 있는 곳에서도, 아니 그곳에서 비로소 깜깜한 심연 속에 기꺼이 잠겨 내 피 땀 눈물, 내 모든 것을 바쳐 내가 숨 쉬고 노래 부르게 한다. 고통마저도 아니 고통 때문에 내가 아는 모든 것은 계속된다. 그러므로 삶은 고통이다, 죽음이다. 존재on는 무off다!

〈On〉은 네 번째 정규 앨범 《MAP OF THE SOUL : 7》에 실린 타이틀곡이다. 이 앨범은 "자신의 진짜 모습을 찾기 위해" 영혼의 지도를 그려보는 "여정을 시작한 방탄소년단의 솔직한 이야기"를 담고 있는 《MAP OF THE SOUL》 시리즈의 두 번째 작품이다. 그 첫 번째 작품인 《MAP OF THE SOUL : PERSONA》가 "세상에 대한 관심과 사랑의 즐거움"을 이야기하며 세상에 '보여주고 싶은 나'를 노래했다면, 《MAP OF THE SOUL : 7》은 7명의 데뷔 후 7년을 돌아보며 "그동안 숨겨왔던" "부담감과 두려움"이라는 "내면의 그림자를 마주하고 이 또한 자신의 일부로 인정"하며, "'보여주고 싶은 나'와 '외면하고 싶은 나'를 모두 받아들이고 마침내 '온전한 나'를 찾은 자신들의 이야기"를 노래한다.[1]

〈On〉은 세계적 "아티스트로서 삶의 무게를 짊어진 채 정신없이 달려온 지난날"을 돌이키며, 성공에 뒤따르는 부담감과 두려움으로 다 괜찮을 리 없고 한 발자국 떼면 한 발자국 커지는 그림자가 두려운 '외면하고 싶은 나'와, 환경 파괴로 까만 바람이 불어대고 가난한 자와 부유한 자로 두 쪽 난, 감옥같이 갑갑하고 어두운 미친 세상에서 휘청이고 흔들리는 '외면하고 싶은 삶'을 노래한다. BTS는 외면하고 싶은 이 모든 "내면의 고통을 정면으로 마주 보겠다"고 이야기한다.[2]

이 노래의 주제를 잘 보여주는 영화가 있다. 로브 라이너 Rob Reiner 감독의 〈버킷 리스트The Bucket List〉다.[3] 나이 든 자동차 정비공과 백만장자가 시한부 삶을 선고받고 죽기 전에 꼭 하고 싶은 것들을 버킷 리스트로 만들어 시도하는 이야기다. 이 영화를 바탕으로 BTS가 노래 〈On〉으로 전하고자 하는 메시지를 살펴보자.

버킷 리스트, 부활의 레퀴엠

삶에는 빛만 있는 게 아니라 그림자도 있다. 좋은 일도 있지만 나쁜 일도 있다. 기쁜 일도 있지만 슬프고 고통스러운 일도 있다. 삶에서 가장 고통스러운 일이 바로 죽음이다. 이 영화는 삶에서 고통스러운 일을 만났을 때 어떻게 해야 좋을지 보여준다. 두 가지 방법이 있다. 하나는 고통을 피하거나 없애는 것이다. 다른 하나는 고통을 받아들이고 마주하는 것이다.

당신은 시한부 선고를 받으면 어떻게 하겠는가? 대부분은 자신이 죽는다는 사실을 아예 부인하거나 피하거나 없애려 할 것이다. 다른 의사를 찾아가 진단이 잘못되었다는 말을 듣고 싶어 하거나 용하다는 명의를 찾아다닐 것이다. 그것도 안 되면 교회나 절을 찾아가 제발 죽지 않게 해달라고 기도하거나 빌 것이다. 백만장자 에드워드가 처음 보인 반응이다. BTS가 고통스러운 그림자를 만나 처음 보인 반응이기도 하다. BTS는 한 발자국 떼면 한 발자국 커지는 그림자를 보고 두려워하며 휘청이고 흔들리며 넘어진다.

하지만 자동차 정비공 카터는 슬프고 불안하고 고통스럽지만 죽음을 받아들이고 마주한다. 그는 죽기 전에 꼭 하고 싶은 일을 담은 버킷 리스트를 작성한다. 카터의 버킷 리스트에 흥미를 느낀 에드워드는 자신의 버킷 리스트를 덧붙여 카터에게 함께 실행해보자고 한다.

1. 장엄한 광경 보기
2. 모르는 사람 돕기

3. 눈물 나도록 웃기

4. 셸비 머스탱[4] 몰기

5. 세상에서 가장 아름다운 여자와 키스하기

6. 문신하기

7. 스카이다이빙하기

8. 홍콩, 로마, 타지마할, 피라미드 여행하기

9. 만리장성에서 오토바이 타기

10. 세렝게티에서 사자 사냥하기

영화는 두 사람이 버킷 리스트를 실행하는 모습을 보여준다. 죽음을 앞둔 사람들이라고는 믿을 수 없을 정도로 그들의 삶은 활기와 기쁨이 넘친다. 문신을 하고 스카이다이빙을 하며 스포츠카 경주를 하고 초원에서 사자를 사냥한다. 사이가 틀어져 오랫동안 만나지 않았던 딸을 만나 화해하고 세상에서 가장 아름다운 손녀에게 입을 맞추며 생애 최고의 순간을 만끽한다. 고통스러운 죽음에도, 아니 고통스러운 죽음 때문에 그들은 삶의 소중한 가치와 사랑을 되찾는다. 아이러니다. BTS도 한 발자국 떼면 한 발자국 커지는 그림자를 보고 처음에는 두려워하고 휘청이며 흔들리고 넘어지지만, 고통을 피하지 않고 고통에도, 아니 고통 때문에 넘어져도 다시 일어나 고통을 가져와 고통을 올라타고 고통이 있는 곳에 내가 계속 살아 숨 쉬게 하라고 노래 부른다.

BTS는 환경 파괴로 까만 바람이 불어대며 가난한 자와 부유한 자로 두 쪽 난, 감옥같이 갑갑하고 어두운 미친 세상에서 날마다 하늘이 내려앉고 고통이 비처럼 쏟아지며 심연 같은 나락으로 떨어지는 깜깜한 두려움 속에서 고통스러워하지만, 그 고통을 피하지 않고 받아들이고 마주하며 고통을 어둠 속 산소와 빛으로, 내가 나이게 하는 것들의 힘으로 삼아, 나의 고통이 있는 곳에서도, 아니 그곳에서 비로소 깜깜한 심연에 기꺼이 잠겨 심연과 함께 피를 흘리며 내 피 땀 눈물, 내 모든 것을 바치게 하라고 노래 부른다. 죽음 같은 고통$_{off}$에도, 아니 그런 고통 때문에 내가 아는 모든 것이 계속 살아 숨 쉬는 삶$_{on}$을 꿈꾸는 아이러니를 노래한다. 이것이 BTS의 버킷 리스트다. 당신의 버킷 리스트는 무엇인가?

Rain be pourin'
Sky keep fallin'
Everyday oh na na na
가져와 bring the pain oh yeah

나의 고통이 있는 곳에
내가 숨 쉬게 하소서
_BTS, 〈On〉

제2악장

죽음에서 삶의 무한한
가능성이 열린다

BTS의 노래 〈On〉에 담긴 삶 속 고통의 힘을 잘 보여주는
철학은 마르틴 하이데거Martin Heidegger의 죽음의 철학이다.
하이데거는 《존재와 시간》에서 이렇게 말한다.

[죽음]을 향해 달려가는 것은 그 앞에 펼쳐져 있는 [삶
의] 모든 가능성을 더불어 열어준다.
_하이데거, 《존재와 시간》[5]

삶에서 가장 큰 고통은 죽음이다. 하지만 하이데거는 죽
음에서 삶의 무한한 가능성이 열린다고 한다. 다시 말해 off에
서 on의 가능성이 열린다. 삶, 곧 살아 있음은 on이라고 할 수
있다. 하이데거는 있음을 없음과 마찬가지로 본다. 마치 선불
교에서 "산은 산이면서 산이 아니다"라고 하는 말이나 공空 사
상에서 "공은 없으면서 없는 것이 아니다"라고 하는 말과 비슷

하다. 존재는 on이면서 off다.

하이데거는 존재와 존재자, 곧 있음과 있는 것을 구분한다. 지금까지의 존재론은 있음을 연구하지 않고 있는 것들을 연구했기 때문에 '존재'에 대해 연구하는 '존재'론이 아니라 '존재자'론이라고 주장한다. 그는 있는 것이 아니라 있음을 연구하고자 한다. 그는 있는 것에서 있음이 아닌 것을 모두 빼면 있음이 드러날 것이라고 생각한다. 예를 들어 모자는 '있는 것'이다. 모자에서 모양, 색깔, 재료 등 주로 눈에 보이는 물질적인 것을 모두 빼고 나면 있음이라는 게 남을 것이다. 그런데 있는 것에서 이것저것 다 빼면 아무것도 남지 않는다. 따라서 그는 있음이 곧 없음과 같다는 결론을 내린다.

그렇다면 이 없음 같은 있음을 어떻게 알 수 있을까? 이성으로는 알 수 없지만 느낌으로는 알 수 있다. 어떻게 알 수 있을까? 하이데거는 지루함이나 불안함이라는 느낌으로 없음 같은 있음을 느낄 수 있다고 말한다. 수업이 재미없어 지루하거나 시험에 떨어질까 봐 불안한 경우처럼 구체적인 까닭을 알 수 있는 지루함이나 불안함으로는 없음 같은 있음을 느낄 수 없다. 하지만 지루하거나 불안한데 구체적인 까닭을 알 수 없다면 없음 같은 있음을 느낀다고 할 수 있다. (삶의 의미나 가치가) 없음(이 있음)을 지루해하는 걸 테고, (삶의 의미나 가치가) 없어짐(이 있음)을 불안해하는 걸 테니까.

우리는 보통 지루함이나 불안함을 부정적이고 없애야 하는 것으로 여긴다. 그렇지만 하이데거는 오히려 이를 우리가 제대로 존재하게끔 해주는 긍정적인 것으로 여긴다. 그는 불안을 우리가 살아 있음을, 존재하고 있음을 느끼게 해주는 아주 긍정적이고 소중한 것이라고 주장한다. 그는 이 주장을 존재와 시간의 관계를 통해 뒷받침한다. 그에 따르면 우리가 어떻게 존재하는지는 어떤 시간을 사는지에 따라 결정된다.

내일이 무한히 있어 죽지 않고 영원히 살 수 있을 것이라 생각하고 무한한 시간을 가지고 살아가면 사물처럼 무감각해져 살아 있음을, 존재하고 있음을 느끼지 못하므로 제대로 존재할 수 없다. 그렇게 살면 행복할 리 없다. 사는 게 사는 게 아니니까. 반면 내일이라도 당장 죽을 수 있다고 생각하고 유한한 시간을 의식하면 살아 있음을, 존재하고 있음을 느끼고 제대로 존재하며 행복하게 살 수 있다. 이러한 본래적인 존재 방식을 실존實存, Existenz이라고 한다. 그래서 하이데거의 철학을 실존철학이라 부른다.

실존하기 위해서는 죽음을 피하지 않고 마주 보는 실존적 결단이 필요하다. 죽음을 마주 보는 실존적 결단을 내리면, 죽음에 대한 불안 때문에 지금까지의 모든 비본래적 삶이나 존재가 무의미하고 무가치해진다. 한 달 뒤에 죽는다면 잡다한 호기심으로 이것저것 자극적인 것을 찾아다니고 쓸데없는 잡담을 나눌 수 있을까? 마치, 내가 아닌 누구여도 상관없는 것처럼 살 수 있을까? 아마 순간순간이 다시 못 올 시간으로 여겨져, 단 하루를 살아도 세상이 아닌 내가 의미 있고 가치 있다고 여기는 일을 하고 살아 있음을, 존재하고 있음을 생생하게 느끼고 제대로 존재하며 살 것이다. 죽음을 가져와 올라타 봐야 나의 죽음이 있는 곳에 내가 살아 숨 쉴 수 있다.

무에 이르면 존재가 말을 걸어온다

> [죽음의] 불안 속에서는 존재하는 모든 것이 의미[와 가치]를 잃는다.
>
> _하이데거, 《형이상학이란 무엇인가》[6]

유한한 시간은 비본래적 존재의 공간을 남김없이 비운다. 하지만 그 빈 공간은 다른 한편으로 내가 원하는 의미와 가치로 자유롭게 채울 수 있는 무한한 가능성의 공간으로 다시 열린다. 이제는 아무도 간섭하지 못한다. 내일 죽는 나에게 신도, 도덕도, 법도, 이웃도, 친구도, 연인도, 남편도, 아내도, 자식도 그 어떤 의미나 가치를 강요할 수 없다. 내일 내가 죽는데 신이, 도덕이, 법이, 이웃이, 친구가, 연인이, 남편이, 아내가, 자식이 내게 이래야 한다, 저래야 한다며 요구하는 숱한 의무가 무슨 소용이 있고 가치가 있을까.

'죽음을 미리 체험하는 것'은, 아니 미리 죽는 것은 삶의 방식을, 존재의 방식을 바꾼다. 주어진 세계에서 사물처럼 살아가는 게 아니라, 나의 관심이나 목적에 따라 세계를 만들며 살아가는 본래적인 자유로운 삶의 방식으로 살게 한다. 죽음을 미리 체험하는 실존적 결단을 통해 본래적인 삶의 방식으로 돌아오면, 죽음은 모든 것을 잃게 하는 삶의 끝이 아니라, 삶의 방식을 바꾸면서 세계를 '나의 세계'로 고유하게 드러내는 창조의 원천이 된다. 나는 본래적인 '나의 삶'을 살아가는 온전히 홀로 선 실존하는 존재가 된다. 주어진 객관적인 세계가 아니라 '나'의 세계에서 나에게 고유한 방식으로 세계의 의미를 드러내는 '나'는 의미의 주체, 의미의 창조자가 된다.

　존재의 밑바닥인 완전한 무에 이르면 존재가 말을 걸어온다. 있는 것의 바닥, 즉 의미나 가치 있는 것이 다 없어져 밑바닥이 드러나면 완전한 무가 된다. 그때 비로소 다른 사람이나 세상에 의미 있고 가치 있는 게 아니라 나에게 가치 있고 의미 있는 것이 드러난다. 그래서 나만의 의미나 가치, 세계, 삶을 창조하게 된다. 죽음, 곧 무off는 존재on의 무한한 가능성을 열어준다.

　|

　무의 근원적인 드러남[모든 게 무가치하다는 것이 드러남]이 없이는 자기 자신으로[자신이 의미의 창조자로] 존재할 수 없고 자유롭게 살아갈 수 없다.
　_하이데거, 《형이상학이란 무엇인가》

on vs off

BTS는 기꺼이 고통을 가져와 고통 위에 올라탄다. 왜일까? 고통을 내가 나이게 하는 것들의 힘으로 삼고 싶어서다. BTS가 고통을 두려워하지 않고 살고 싶어 하는 삶이란 어떤 것일까? 고통을 어둠 속 산소와 빛으로, 내가 나이게 하는 것들의 힘으로 삼아, 그 무엇이든 이겨내며 넘어져도 다시 일어나는 삶이다. 나를, 내 삶을 무off로 만드는 고통을 두려워하거나 피하지 않고 기꺼이 가져와 올라타 도리어 나를 나로 존재on하게 하고, 내 삶을 내 삶으로 존재하게 하는 자유로운 삶이다.

하이데거는 기꺼이 죽음을 향해 달려가 죽음을 맞이한다. 왜일까? 죽음을 두려워하지 않고 삶의 무한한 가능성을 열어주는 힘으로 삼아 살고 싶어서다. 하이데거가 살고 싶어 하는, 죽음을 두려워하지 않는 삶이란 어떤 것일까? 주어진 객관적인 세계에서 대체될 수 있는 사물처럼 살지 않고, 무한한 가능성의 공간으로 다시 열린 나의 세계에서 내가 원하는 의미와 가치로 자유롭게 채울 수 있는 삶이다. 누구로도 대체할 수 없는 고유한 의미의 주체, 의미의 창조자가 되어, 오로지 나의 관심이나 목적에 따라 나의 세계를 만들며 나의 삶을 살아가는 자유로운 삶, 스스로 창조하는 삶이다. 나와 내 삶을 무off로 만드는 죽음을 두려워하거나 피하지 않고 기꺼이 그것을 향해 달려가 맞이해 나를 나로 존재on하게 하고, 삶을 내 삶으로 존재하게 하는 자유로운 삶이다.

사랑, 심연으로 번지점프를 하다

신이 살던 시대에 노래를 기가 막히게 잘 부르는 사내가 있었다. 그가 노래를 부르면 온 세상의 동물과 식물이 감동했다. 오르페우스라는 사내였다. 그는 어여쁜 숲의 요정 에우리디케와 사랑에 빠져 행복하게 살았다. 그런데 어느 날 그녀는 독사에 물려 죽었다. 온 세상이 무너지는 듯 절망하던 오르페우스는 죽음을 무릅쓰고 지하 세계로 가서 아내를 찾아오기로 결심했다. 하지만 지하 세계로 가는 것은 쉽지 않았다. 곳곳에 그를 가로막는 문지기가 있었다. 그때마다 필살기인 노래로 그들을 감동시켰다. 드디어 지하 세계에 도착한 그는 하데스를 만나 죽은 아내를 돌려달라고 간절히 노래를 불렀다. 감동한 하데스는 그녀를 돌려주었다. 지하 세계의 문을 나설 때까지 돌아봐서는 안 된다는 조건과 함께. 앞장서서 지상으로 나아가던 오르페우스는 아내가 잘 따라오는지 불안했지만 뒤를 돌아보지 않았다. 드디어 지하 세계의 문턱을 넘어서는 순간, 그는 참지 못하고 뒤를 돌아보았다. 그 순간 그녀는 비명을 지르며 지하 세계로 떨어졌다.[7]

　이 신화를 살짝만 비틀자. 오르페우스가 그토록 사랑한 이가 바로 오르페우스 자신이라고. 사랑하는 나의 참된 생명 on을 되찾는 방법은 죽음을 두려워하지 않고 기꺼이 죽음off을 향해 달려가는 것이다. 저승사자와 염라대왕을 감동시킨 것은 노래라기보다 죽음을 두려워하지 않고 기꺼이 죽음을 향해 달려가는 실존적 결단과 태도였을지도 모른다. 하지만 죽음을 향해 용감하게 달려가는 오르페우스도 자신의 결단을 확신하지 못하는 불안하고 불완전한 인간이다. 오르페우스가 지상 세계를 눈앞에 두고 뒤를 돌아본 까닭은, 죽음을 두려워하지 않고 기꺼이 죽음을 향해 달려가는 실존적 결단과 태도가 자신의 참된 생명을 되찾아주리라고 확신하지 못해서다. 오늘을 사는 우리도 다르지 않다. 오르페우스의 비극은 현대인의 실존적 고뇌와 불안을 잘 보여준다.

　누구나 살다 보면 오르페우스처럼 온 세상이 한꺼번에 무너지는 듯한 고통과 절망을 체험한다. BTS도 고통이 비처럼 쏟아지며 심연 같은 나락으로 떨어지는 깜깜한 두려움 속에서 휘청이고 흔들리고 넘어지는 고통을 체험한다. 하지만 오르페우스처럼 실존적 고뇌와 불안을 딛고 일어나 고통을 내가 나이게 하는 것들의 힘으로 삼아, 심연 속에 기꺼이 잠겨 내 피 땀 눈물, 내 모든 것을 바쳐 내가 계속 살아 숨 쉬게 하라고 노래 부른다. 살아 있는 게 아닌, 모든 삶의 의미가 한꺼

　　　　　　　　　　　　　'On'과 죽음의 철학

번에 없어지는 무화off를 체험하고 기꺼이 고통을 가져다 고
통에 올라타보지 않은 이에게는 없다. 내가 살아 있음을 생생
하게 느끼는 참된 삶, 참된 존재on인 실존은.

Ⅰ

두렵잖을 리 없잖아

다 괜찮을 리 없잖아

가져와 bring the pain oh yeah

올라타봐 bring the pain oh yeah

All that I know is[8]

.

.

.

.

.

.

.

"ON is OFF!"

자유는 기꺼이 죽음을 향해 달려가는 고통이다
고통에 올라타보지 않은 이에겐
살아 있음을 생생하게 느끼는 참된 삶은 없다

Permission to Philosophy for Freedom
Philosophy like Butter

◆

BTS vs 프롬

'Dynamite'와
존재의 철학

Philosophy

Freedom

Dancing

Being

Wake up

Uniqueness

Love Myself

Dynamite

Cos ah ah I'm in the stars tonight
So watch me bring the fire and set the night alight
Shoes on get up in the morn
Cup of milk let's rock and roll
King Kong kick the drum rolling on like a rolling stone
Sing song when I'm walking home
Jump up to the top LeBron
Ding dong call me on my phone
Ice tea and a game of ping pong

This is getting heavy
Can you hear the bass boom, I'm ready
Life is sweet as honey
Yeah this beat cha ching like money
Disco overload I'm into that I'm good to go
I'm diamond you know I glow up
Hey, so let's go

Cos ah ah I'm in the stars tonight
So watch me bring the fire and set the night alight
Shining through the city with a little funk and soul
So I'mma light it up like dynamite, woah

Bring a friend join the crowd
Whoever wanna come along
Word up talk the talk just move like we off the wall
Day or night the sky's alight
So we dance to the break of dawn

Ladies and gentlemen, I got the medicine so you
should keep ya eyes on the ball, huh

This is getting heavy
Can you hear the bass boom, I'm ready
Life is sweet as honey
Yeah this beat cha ching like money
Disco overload I'm into that I'm good to go
I'm diamond you know I glow up
Let's go

Cos ah ah I'm in the stars tonight
So watch me bring the fire and set the night alight
Shining through the city with a little funk and soul
So I'mma light it up like dynamite, woah

Dynnnnnanana, life is dynamite
Dynnnnnanana, life is dynamite
Shining through the city with a little funk and soul
So I'mma light it up like dynamite, woah
Dynnnnnanana eh
Dynnnnnanana eh
Dynnnnnanana eh
Light it up like dynamite
Dynnnnnanana eh
Dynnnnnanana eh
Dynnnnnanana eh
Light it up like dynamite

Cos ah ah I'm in the stars tonight
So watch me bring the fire and set the night alight
Shining through the city with a little funk and soul
So I'mma light it up like dynamite

Cos ah ah I'm in the stars tonight
So watch me bring the fire and set the night alight
Shining through the city with a little funk and soul
So I'mma light it up like dynamite, woah

Dynnnnnanana, life is dynamite
Dynnnnnanana, life is dynamite
Shining through the city with a little funk and soul
So I'mma light it up like dynamite, woah

작사·작곡 David Stewart, Jessica Agombar
노래 BTS

{ }

삶은
다이너마이트다

⟨Dynamite⟩의 핵심 노랫말은 "Life is dynamite"다. ⟨Dynamite⟩는 삶의 방식이나 태도를 이야기하는 노래다. 삶은 소유하는 것having이 아니라 존재하는 것being이다. 많이 사는 것buying이 아니라 멋지게 사는 것living이다. 지구라는 별을 소유하는 것이 아니라 지구라는 별에서 존재하며 멋지게 살아가는 것이다. 삶은 다이너마이트다. 다이너마이트가 스스로를 폭발시켜 빛나듯 삶도 스스로를 폭발시켜 빛난다. 폭발하지 않으면 무거운 짐이지만 폭발해서 가벼워진 존재는 아름답게 빛난다. 소유와 존재라는 열쇠 말로 노랫말을 풀어보자.

삶은 빛나게 사는 것shining이다. 삶은 소유하는 것이 아니다. 삶은 별을 소유하는 것이 아니라 별 속에 있는 것이며, 불꽃을 소유하는 것이 아니라 그것으로 어두운 밤을 비추는 것이다. 삶은 음악을 소유하는 것이 아니라 그것으로 온 도시를 빛나게 하는 것이다.

삶은 돈이나 권력이나 명예를 소유하는 것이 아니라 아침에 일어나 신발을 신고 우유 한잔을 마시고 드럼을 치고 집으로 가며 노래를 부르고 점프하고 전화하고 아이스티를 마시고 탁구를 치고 친구들을 불러 파티를 하며 수다를 떨고 새벽이 올 때까지 미친 듯 춤추며 일상을 사는 것이다.

삶은 다이너마이트다. 삶은 다이너마이트처럼 스스로를, 자기가 가진 모든 것을 폭발시켜 세상을 빛나게 하는 것이다. 삶은 존재하는 경험이며 존재하는 사건이다. 삶은 빅뱅처럼 모든 것을 폭발하여 없애며 모든 것을 새로 생기게 하는 사건이다.

〈On〉이 삶의 그림자와 어두움을 노래했다면 〈Dynamite〉는 삶의 빛과 밝음을 노래한다. 코로나19라는 세계적 전염병이 불러온 '삶의 무력감과 허탈감'에서 벗어나 다이너마이트처럼 "light it up"해 삶의 즐거움과 희망을 되찾게 하려고 만든 매우 흥겹고 발랄한 노래다. "그 무엇도 계획대로 되지 않고, 시간이 멈춰버린 것만 같으며, 큰 소리로 웃어본 게 언제인지 아득하고, 누군가의 힘찬 응원을 바라는, 마치 달리다가 넘어진 것 같은 기분을 느끼는 모든 이들에게 바치는 곡이다."[1] 〈Dynamite〉는 비록 많은 것을 잃었고, 더 이상 많은 것을 얻을 수 없을지라도 "Life goes on!"이라는 믿음으로 소소한 일상 속 순간순간을 소중하게 여기며 살아가는 기쁨을 노래한다. 이 노래의 주제를 잘 보여주는 소설이 있다. 어니스트 헤밍웨이Ernest Hemingway의 《노인과 바다》다.[2] 이 소설을 바탕으로 BTS가 노래 〈Dynamite〉로 전하고자 하는 메시지를 살펴보자.

인생을 낚는 노인

노인은 몇 달 동안 고래를 잡지 못했다. 날마다 작은 고깃배를 몰고 바다로 나가지만 한 마리도 잡지 못하고 돌아온다. 고기를 잡지 못한 지 85일째 되는 날, 그는 먼바다로 나가 드디어 어마어마하게 큰 청새치를 잡는다. 하지만 커다란 물고기를 가지고 돌아오는 길이 쉬울 리 없다. 노인은 배가 뒤집혀 죽을 뻔하는 수난을 겪으며 물고기와 밤새 사투를 벌인다. 그러고는 지친 물고기를 배에 묶고 항구로 돌아온다. 하지만 물고기는 앙상한 뼈만 남았다. 오는 도중 상어 떼가 달려들어 다 뜯어 먹은 것이다.

뼈만 남았으니 노인은 한 게 아무것도 없다고 할 수 있을까? 소유의 관점에서 보자면 물고기가 없어졌으니 노인은 결국 물고기를 못 잡은 셈이다. 그러나 물고기fish는 없어도 노인에게는 물고기를 잡는fishing 체험이 남았다. 어쩌면 노인이 잡으려 한 것은 큰 물고기 자체라기보다 큰 물고기를 잡는 위대한 삶 또는 그러한 삶을 향한 의지가 아니었을까. 그에게 소중한 것은 물고기라기보다 물고기를 잡는 행위였다. 노인에게 삶은 소유하는 것이 아니라 멋지게 사는 것이었으니까.

많은 사람이 산다는 것 자체에는 그다지 관심이 없다. 대부분은 물고기에 관심이 있다. 성취하고 소유하는 데만 관심을 갖는다. 하지만 성취와 소유만 추구하면 내가 소유한 것만 남고 정작 나의 삶, 나의 존재는 없다. 나의 삶이나 그 삶을 사는 나의 존재는 목적이 아니라 성취하고 소유하기 위한 수단으로 전락한다. 주인과 손님이 뒤바뀐 셈이다.

다이너마이트의 원조인 화약은 중국에서 발명되었다. 처음에 중국인들은 화약을 멋진 불꽃으로 세상을 빛내는 폭죽으로 사용하며 삶을 즐겼다. 하지만 소유가 중요해지자 화약을 남의 땅을 강제로 빼앗아 소유하는 수단으로 사용했다. 삶은 다이너마이트다. 엄청난 에너지 그 자체다. 이를 서로 다투어 뺏고 뺏기며 더 많은 것을 이루고 얻는 수단으로 쓰기보다 BTS처럼 나의 삶과 존재와 세상을 아름답게 빛내는 멋진 불꽃으로 쓴다면 이 세상은 얼마나 멋질까?

코로나19라는 전염병은 어쩌면 삶의 엄청난 에너지를 더 많은 것을 얻는 수단으로 여기는 삶의 방식이 낳은 비극이다. '더 빨리, 더 높이, 더 멀리citius, altius, fortius'라는 모토 아래 쌓아 올린 거대한 도시와 문명이야말로 전염병이 창궐할 수 있는 최상의 숙주다. BTS는 코로나19 때문에 많은 것을 잃고 더 이상 많은 것을 얻지 못하는 것은 슬픈 일이지만, 무력감이나 허탈감에 빠지기보다 이 엄청난 비극을 삶의 방식이나 태도를 반성하고 성찰하는 실마리로 삼자고 한다. 많은 것을 소유하기보다 소소한 일상의 순간순간을 소중히 여기는 기쁨을 되찾자고 노래한다. 삶의 아름다움은 억대 집과 자동차를 소유하는 데 있는 게 아니라, 아침에 일어나 신발을 신고 우유 한잔을 마시고 드럼을 치고 노래를 부르고 전화하고 아이스티를 마시고 탁구를 치고 친구들을 불러 파티를 하며 수다를 떨고 새벽이 올 때까지 미친 듯 춤추며 일상을 사는 데 있다. 펑크와 소울로 도시를 빛내는 데 있다. 삶은 샤이닝shining이다.

Cos ah ah I'm in the stars tonight
So watch me bring the fire and set the night alight

Shining through the city with a little funk and soul
So I'mma light it up like dynamite, woah

Dynnnnnanana, life is dynamite

_BTS, 〈Dynamite〉

소유냐 존재냐?

BTS의 노래 〈Dynamite〉에 담긴 존재 지향적 삶을 잘 보여주는 철학은 에리히 프롬Erich Fromm의 존재의 철학이다. 프롬은 《소유냐 존재냐》에서 이렇게 말한다.

사랑을 소유할 수 있을까? (…) 사랑은 사물이 아니다. (…) 사랑은 행위일 뿐이다.

_프롬, 《소유냐 존재냐》**3**

프롬에 따르면 사랑을 하는 데는, 아니 삶을 사는 데는 두 가지 방식이 있다. 하나는 소유 지향의 삶이고, 다른 하나는 존재 지향의 삶이다. 소유 지향의 삶을 사는 이는 소중한 사랑이나 행복한 삶을 사물처럼 소유하거나 잃어버릴 수 있는 것으로 여긴다. 존재 지향의 삶을 사는 이는 삶을 체험하거나 경험하는 행위로 여긴다. 소유 지향의 삶을 사는 이는 스스로의 가치를 자신이 소유한 삶의 결과에 비추어 평가한다. 존재 지향의 삶을 사는 이는 스스로의 가치를 자신이 체험하는 삶의 행위나 과정 자체로 평가한다. 이 두 가지 삶의 방식은 행성과 별로 비유할 수 있다. 별은 스스로 빛나지만 행성은 다른 존재가 빛을 비추어줘야 빛날 수 있는 존재다. 존재 지향의 삶을 사는 이는 별처럼 자신이 소유한 것에 기대지 않고 삶을 사는 행위나 과정 자체로 빛나지만, 소유 지향의 삶을 사는 이는 행성처럼 자신이 소유한 것에 기대야 자신을 드러낼 수 있다. 하지만 내가 소유한 것이 곧 나 자신은 아니지 않은가. 벤츠를 소유한다고 해서 그 벤츠가 나 자신인 것은 아니다. 별이 빛나는 까닭은 스스로 폭발하기 때문이다. 스스로 빛나는 존재 지향의 삶을 살려면 별처럼 끊임없이 스스로 폭발해야 한다. 내 속에 있는 내가 아닌 것을 끊임없이 해체하고 파괴해야 한다. 소유를 지향하고 지키려는 보수적인 나를 폭발시켜 새로운 나를 생산하고 창조해야 한다. 참된 삶은 다이너마이트와 같다. 참된 삶은 다이너마이트처럼 나와 세상을 밝힌다.

프롬은 마르크스주의에서 후기 마르크스주의로 이어지는 마르크스 철학의 전통을 계승하고 발전시킨 철학자다. 그가 발전시킨 것은 무엇일까? 마르크스는 생산수단을 개인이 소유하는 사적 소유가 자본주의의 문제점이라 진단했다. 자본을 개인이 소유하면 소득 양극화, 경쟁과 대립의 보편화, 소유와 거래를 지향하는 성향의 보편화 등 온갖 문제가 생겨난다고 보았다. 마르크스는 생산수단을 개인이 아니라 사회가 갖는 사회주의를 통해 자본주의의 문제를 해결할 수 있다고 여

'Dynamite'와 존재의 철학

겼다. 사회구조를 문제의 근본 원인으로 보고 이를 변화시키면 문제가 해결된다고 생각했다. 그러나 마르크스의 구상대로 자유로운 공동체가 만들어지자 구성원이 자유로워진 것이 아니라 억압적인 전체주의 사회 공동체가 형성되었다. 결국 집단 공동체가 개인을 소유하는 결과를 낳았다.

마르크스는 사회구조 변화는 바람직한 공동사회를 이루기 위한 필요조건이지 충분조건이 아니라는 것을 깨닫지 못했다고 프롬은 생각한다. 그는 마르크스의 이론을 보완해 사회 구조뿐만 아니라 인간의 성격과 성향도 함께 변화해야 한다고 진단한다. 자본주의사회에서 사람들이 지니는 소유 지향의 성향을 존재 지향의 성향으로 변화시켜야 한다고 말한다.

소유를 지향하는 이는 '나는 소유한다. 그러므로 나는 존재한다'고 생각한다. 나의 정체성을 소유에서 찾는다. 내가 소유한 것으로 내가 누구인지 정의한다. 내가 가지고 있는 수백억이나 대통령, 장관, 국회의원 등 내 직분이 내가 누구인지 알려준다. 내 권력, 명예가 내가 누구인지 말해준다.

얼핏 소비는 내가 가지고 있는 것을 써버리기에 소유와 반대되는 것처럼 보인다. 그러나 프롬에 따르면 소비 지향은 소유 지향과 마찬가지다. 내가 얼마나 많이 가지고 있는지 과시하고 보여주기 위해 소비하기 때문이다. 벤츠를 사고 람보르기니를 사고 명품 옷을 걸치고 명품 백을 들고 다니는 것은 내가 이렇게 대단한 물건을 소유하고 있다는 것을 보이는 방식이다. '나는 소비한다. 그러므로 나는 존재한다.' 내가 무엇을 소비하는지, 또 어떻게 소비하는지가 내가 누구인지 보여준다.

　존재를 지향하는 이는 '나는 행위하거나 체험하거나 경험한다. 그러므로 나는 존재한다'고 생각한다. 나의 정체성은 내가 소유하는 것이 아니라 내가 어떤 행위를, 체험을, 경험을 하는지가 보여준다. 결국 무엇을 소유하느냐가 아니라 어떻게 사느냐가 그 사람이 누구인지 보여준다. 프롬은 소유 지향적 삶과 존재 지향적 삶의 차이를 괴테가 보이는 꽃에 대한 태도에 빗대어 설명한다.

'사랑'을 하다가 '사랑하다'
　∣
　나 홀로
　숲속을 걸었네
　아무것도
　찾을 뜻은 없었네

　그늘 속에 피어 있는
　작은 꽃 한 송이를 보았지
　별처럼 반짝이고
　눈망울처럼 예쁜 꽃을

　꽃을 꺾고 싶었지만
　꽃이 애처롭게 말했네

내가 꺾여

시들어버려야 좋겠어요?

(…)

_괴테, 〈발견〉[4]

아름다운 꽃을 보면 꺾어 오는 사람이 있는가 하면 그대로 두고 보며 즐기는 사람이 있다. 꺾어 오는 사람은 소유 지향의 성향을, 그대로 두고 보며 즐기는 사람은 존재 지향의 성향을 지니고 있다고 볼 수 있다. 칸트에 따르면 무엇인가가 아름답다는 미적 판단은 이해관계interest 없이 순수하게 쾌감을 느끼는 상태다. 아름다운 여인을 소유하고 싶다는 욕망, 즉 이해관계를 가지고 본다면 그것은 아름다움에 대한 미적 판단이 아니다. 그것은 소유 지향의 성향에서 비롯된 판단이다. 반대로 그 여인을 갖고 싶다는 욕망이 아니라 순수하게 아름답다고 느낀다면 미적 판단이라고 볼 수 있다. 미적 판단이야말로 존재 지향의 성향을 잘 보여준다.

여행 가서 인증 사진이나 풍경 사진을 찍어서 남기려는 것도 일종의 소유 지향의 성향에 따른 행동이다. 사진 찍기보다는 여행 자체와 분위기를 즐기는 것이 존재 지향의 태도다. 책을 읽으면서도 줄곧 줄거리를 파악하려고 한다면 소유 지향의 독서이고, 이야기 자체를 즐기며 거기 푹 빠져 울기도 하고 감동한다면 존재 지향의 독서. 논쟁하고 이기려고만 한다면 소유 지향의 대화이고 이야기 자체를 즐긴다면 존재 지향의 대화다.

내가 소유 지향인지 존재 지향인지 알려면 주로 명사를 사용하는지 동사를 사용하는지 언어 습관을 살펴보면 된다. '꿈꾸다'를 'dream'이라고 말하는 이도 있고 'have a dream'이라고 말하는 이도 있다. '사랑하다'를 'love'라고 말하는 이가 있고 'have a love'라고 말하는 이도 있다. '즐기다'를 'enjoy'라고 말하는 이도 있고 'have a pleasure'라고 말하는 이도 있다. 이처럼 소유 지향의 사람들은 동사 자체도 명사로 표현한다.

소유 지향의 사람은 사랑 자체를 체험하거나 경험하는 것보다 사랑의 대상이나 결과를 더 중요하게 여긴다. 이런 사람은 사랑을 체험이나 경험이 아니라 사물처럼 여겨 사랑의 대상을 '사랑'으로 착각하고, 우상화해 마치 여신처럼 신비하고 신성한 것으로 만든다. 우상화된 사랑을 갈구하고 그것에 종속되고 얽매이며 집착한다. 존재 지향의 사람은 사랑의 행위에 충실하다. 그는 사랑의 대상을 '사랑'으로 여겨 사랑을 얻거나 잃을 수 있는 것으로 여기지 않는다. 그는 또한 사랑을 결과로 판단해 사랑이 성공했다거나 실패했다고 여기지 않는다. 그는 사랑이 성공하든 실패하든 사랑하고 있다는 것 자체로 행복하다. 심지어 실연을 당해도 슬프지만 불행하지 않다. 결과가 아니라 사랑한다는 행위나 감정 또는 경험이 중요하기 때문이다. 실연을 당해도 상대가 더 이상 나를 사랑하지 않을 뿐이지 내가 사랑한다는 사실은 사라지지 않는다. 내가 사랑한다는 점에서 여전히 성공이다. 존재 지향의 사람에게는 성공한 사랑만 있으며 행복한 사랑만 있을 뿐이다. 그렇다면

'Dynamite'와 존재의 철학

행복한 사랑을 할 수 있는 '사랑의 기술'은 무엇일까? 사랑을
소유하려 하지 말고 존재 자체로 경험하라!

　　ㅣ

　　사랑이란(…) 배려하고 알고자 하며 몰입하고 즐거워하는
　　생산적 활동이다.

　　_프롬,《소유냐 존재냐》

dynamite vs shining

BTS는 삶의 다이너마이트를 폭발하고자 한다. 왜일까? 모든 소유물이나 소유욕을 없애고 싶어서다. BTS가 삶의 다이너마이트를 폭발하며 살고 싶어 하는 삶이란 어떤 삶일까? 아침에 일어나 신발을 신고 우유 한잔을 마시고 드럼을 치고 집으로 가며 노래를 부르고 점프하고 전화하고 아이스티를 마시고 탁구를 치고 친구들을 불러 파티를 하며 수다를 떨고 새벽이 올 때까지 미친 듯 춤추며 일상을 살며 삶을 체험하며 존재하는, 소유에 얽매이지 않는 자유로운, 그래서 빛나는 삶이다.

프롬은 아름다운 꽃을 꺾어 오지 않는다. 왜일까? 그대로 두고 바라보며 즐기고 싶어서다. 아름다운 꽃을 꺾어 오지 않는 삶이란 어떤 것일까? 멋진 여행 사진을 찍어 오기보다 여행하기를 즐기고 유명한 영화 줄거리를 기억하기보다 영화 보기를 즐기며, 멋진 사랑을 하기보다 사랑하기를 즐기며, 일상을 체험하며 존재하고, 소유에 얽매이지 않아 자유로운, 그래서 빛나는 삶이다.

황금으로 변한 포도주, 황금으로 변한 기쁨

한 노인이 술에 취해 온 마을을 돌아다니며 온갖 추태를 부린다. 마을 사람들은 보다 못해 그를 잡아 미다스 왕에게 데려간다. 미다스 왕은 그 노인이 술의 신 디오니소스의 스승 실레노스라는 것을 한눈에 알아본다. 미다스 왕은 그를 혼내주는 대신 흥겨운 잔치를 베풀어주고 돌려보낸다. 스승이 돌아오자 걱정하던 디오니소스 신은 크게 기뻐한다. 그는 미다스 왕에게 소원을 말해보라고 한다. 곰곰이 생각하던 미다스 왕은 마침내 말한다. "손에 닿는 것마다 황금으로 변하게 해주세요!"

소원을 이룬 미다스 왕은 뛸 듯이 기뻐한다. 정말로 손으로 만지는 모든 게 황금으로 변했다. 연금술사의 마법처럼 돌멩이가 황금으로 변했고, 나뭇가지와 꽃이 황금으로 변했다. 촛대가 황금으로 변했고, 탁자와 의자가 황금으로 변했으며, 마침내 왕궁이 황금으로 가득 찼다. 하지만 기쁨은 오래가지 않았다. 빵을 먹으려 해도 황금으로 변했고, 포도주를 마시려 해도 황금으로 변했다. 그는 아무것도 먹을 수도 마실 수도 없었다. 심지어 사랑하는 아내와 자식을 만질 수도 안을 수도 없었다. 미다스의 손, 황금의 손은 저주의 손이 되었다.[5]

디오니소스는 술의 신이자 기쁨의 신이다. 기쁨의 은총을 내려야 할 신이 도리어 고통의 저주를 내린 셈이다. 미다스의 어리석은 소원을 들었을 때 디오니소스가 당혹스러워하는 모습이 눈에 선하다. 기쁨은 황금을 소유하는 데서 오는 것이 아니라 술을 마시고 노래를 부르며 춤을 추고 노는 데서 온다는 것을 누구보다 잘 알 테니까. BTS가 어두운 밤을 환하게 밝히고, 친구들을 불러 파티를 하며 수다를 떨고 새벽이 올 때까지 미친 듯 즐겁게 춤을 출 수 있는 까닭은 별을 따려 하지 않고 "별들 속에 있기 때문"이다.

누구나 살다 보면 온 집 안에 황금이 넘쳐나는 백만장자가 되기를 꿈꾼다. 하지만 미다스 왕처럼 온통 소유욕에 사로잡힌 이에겐 소유에 얽매이지 않는 자유로운, 그래서 빛나는 삶은 없다. 아침에 일어나 신발을 신고 우유 한잔을 마시고 드럼을 치고 집으로 가며 노래를 부르고 점프하고 전화하고 아이스티를 마시고 탁구를 치고 친구들을 불러 파티를 하며 수다를 떨고 새벽이 올 때까지 미친 듯 춤추며 일상을 살고, 삶을 체험하며 존재하고, 소유에 얽매이지 않아 자유로운, 그래서 빛나는 삶은 그에겐 없다.

Cos ah ah I'm in the stars tonight (…)
Life is sweet as honey[6]

[넌 어때 how bout ya]

.

.

.

.

.

.

Cos ah ah I've the stars tonight

Life is heavy as gold

자유는 스스로 사라지며 빛나는
다이너마이트다
소유를 포기하지 못하는 이에겐
존재만으로 빛나는 삶은 없다

Permission to Philosophy for Freedom
Philosophy like Butter

◆

BTS vs 하버마스

'Am I Wrong'과
소통의 철학

Freedom

Philosophy

Dancing

Being

Wake up

Love Myself

Uniqueness

The world's goin' crazy
넌 어때 how bout ya
You think it is okay?
난 좀 아닌 것 같어

귀가 있어도 듣질 않어
눈이 있어도 보질 않어
다 마음에 물고기가 살어
걔 이름 SELFISH SELFISH

우린 다 개 돼지
화나서 개 되지
황새 VS 뱁새
전쟁이야 ERRDAY

미친 세상이 yeah
우릴 미치게 해
그래 우린 다 CRAZY
자 소리 질러 MAYDAY MAYDAY

온 세상이 다 미친 것 같아 끝인 것 같아
Oh why (Oh why)
Oh why (Oh why)
Oh why why why why
(OH MY GOD)
(Am I Wrong)
내가 뭐 틀린 말 했어
내가 뭐 거짓말했어

Going crazy (미쳤어 미쳤어)
Crazy (미쳤어 미쳤어)
Am I Wrong
Am I Wrong

어디로 가는지
세상이 미쳐 돌아가네
Are you ready for this
Are you ready for this
Are you ready for this
(NO I'M NOT)

그램마 니가 미친겨
미친 세상에 안 미친 게 미친겨
온 천지 사방이 HELL YEAH
온라인 오프라인이 HELL YEAH

뉴스를 봐도 아무렇지 않다면
그 댓글이 아무렇지 않다면
그 증오가 아무렇지 않다면
넌 정상 아닌 게 비정상

온 세상이 다
미친 것 같아
끝인 것 같아
Oh why (Oh why)
Oh why (Oh why)
Oh why why why why
(OH MY GOD)

(Am I Wrong)
내가 뭐 틀린 말 했어
내가 뭐 거짓말했어

Going crazy (미쳤어 미쳤어)
Crazy (미쳤어 미쳤어)
Am I Wrong
Am I Wrong
어디로 가는지
세상이 미쳐 돌아가네

미친 세상 길을 잃어도
아직은 더 살고 싶어
찾고 싶어 나의 믿음을
(Am I Wrong)
내가 뭐 틀린 말 했어
내가 뭐 거짓말했어

Going crazy (미쳤어 미쳤어)
Crazy (미쳤어 미쳤어)
Am I Wrong
Am I Wrong

어디로 가는지
세상이 미쳐 돌아가네

Are you ready for this
Are you ready for this
Are you ready for this

작사·작곡 Kevin Moore
노래 BTS

귀가 있어도 듣질 않어

〈Am I Wrong〉의 핵심 노랫말은 "귀가 있어도 듣질 않어"다. 〈Am I Wrong〉은 세상이 병들고 소통이 되지 않는 현상을 이야기하는 노래다. 세상이 미쳐 돌아간다. 황새든 뱁새든 돈에 미쳐 난리다. 미친 세상이 우릴 미치게 한다. 귀가 있어도 듣질 않고 눈이 있어도 보질 않는다. 세상이 소통의 길을 잃었다. BTS는 묻는다. "Am I Wrong?" 우리는 잃어버린 소통의 길을 되찾아 다시 건강한 세상을 볼 수 있을까? 세상의 병듦과 불통이라는 열쇠 말로 노랫말을 풀어보자.

세상이 미쳐 돌아간다. 황새와 뱁새 전쟁이다. 가진 자들이 우리를 보고 개, 돼지라고 한다. 미친 세상이 우릴 미치게 한다. 우린 다 미쳤다. 귀가 있어도 듣질 않는다. 눈이 있어도 보질 않는다. 우리 모두 이기적이다. 온 세상이 다 미친 것 같다. 끝인 것 같다. 온 천지 사방이 지옥이다.

온라인과 오프라인이 다 지옥이다. 뉴스를 봐도 아무렇지 않다면, 그 댓글이 아무렇지 않다면, 그 증오가 아무렇지 않다면 넌 비정상이다.

온 세상이 다 미친 것 같다. 끝인 것 같다. 세상이 소통의 길을 잃었다. 귀가 있어도 듣질 않는다. 눈이 있어도 보질 않는다. 우리 모두 이기적이다. 내가 뭐 틀린 말 했는가? 내가 뭐 거짓말했는가? 당신은 그런 미친 세상을 받아들일 준비가 되었는가? 나는 아니다. 그럼 내가 미친 건가? 미친 세상에 안 미친 게 미친 거라면 내가 미친 거다. 미친 세상이 소통의 길을 잃어도 난 아직은 더 살고 싶다. 소통의 길을 되찾아 건강한 세상을 다시 볼 수 있다는 나의 믿음을 찾고 싶다.

〈Am I Wrong〉은 〈피 땀 눈물〉이 타이틀곡인 앨범 《WINGS》에 실린 노래다. 이 앨범은 "인생에서 한 번쯤은 꼭 마주치게 되는 악의 그림자와 타인 및 외부 세계와의 갈등 등 성장의 과정"을 노래한다. 〈Am I Wrong〉은 앨범 주제에 걸 맞게 "민중은 개, 돼지"라는 가진 자들의 망언[1] 같은 "최근 세태에 대한 방탄소년단만의 솔직한 시선"을 담고 있다. 이 노래는 병들고 소통이 막힌 외부 세계의 모순을 보여준 〈쩔어〉 〈뱁새〉와 맥락을 같이하는 곡으로, 답답한 현실을 적나라하게 꼬집는 돌직구 가사가 속 시원하게 다가온다."[2] 이 노래의 주제를 잘 보여주는 소설이 있다. F. 스콧 피츠제럴드F. Scott Fitzgerald의 《위대한 개츠비The Great Gatsby》다.[3] 이 소설을 바탕으로 BTS가 노래 〈Am I Wrong〉으로 전하고자 하는 메시지를 살펴보자.

위대한 개츠비, 위대한 거짓말
: 사랑이라 쓰고 대박이라 읽는다

여자는 남자를 사랑한다. 남자가 전쟁터에 간다. 그사이에 여자는 돈 많은 다른 남자와 결혼한다. 전쟁터에서 돌아온 남자는 여자가 돈 때문에 다른 남자와 결혼했다는 것을 알고 슬퍼한다. 남자는 미친 듯이 돈을 번다. 그리고 마침내 뉴욕의 웨스트에그라는 바닷가에 대저택을 사서 날마다 화려한 파티를 연다. 파티에 초대받은 사람들은 술잔을 부딪치며 외친다. "위대한 개츠비, 당신 최고예요! 우리는 당신을 좋아해요!" 근처 대저택에 사는 여자는 건너편에서 날마다 열리는 화려한 파티를 보며 부러워한다. 어느 날 여자는 그 파티의 주인공이 예전에 사랑했던 남자라는 것을 알게 된다. 여자는 옛 연인에게 다가가 속삭인다. "개츠비, 당신을 사랑해요!"

두 사람은 다시 뜨거운 사랑을 나눈다. 그러던 어느 날 두 사람이 데이트를 마치고 돌아오는 길에 여자는 한 여인을 차로 치어서 죽인다. 그녀는 남편의 내연녀였다. 남자는 자기가 운전했다며 여자의 죄를 대신 뒤집어쓴다. 죽은 여인의 남편은 화가 나서 남자를 총으로 쏴 죽인다. 남자의 친구는 남자의 화려한 파티에 초대받았던 손님들에게 장례식 초대장을 보낸다. 당연히 여자에게도. 하지만 남자의 장례식엔 아무도 오지

'Am I Wrong'과 소통의 철학

않는다. 손님들도 여자도.

개츠비가 사는 세상도, BTS가 사는 세상도 돈에 미쳐 돌아간다. 황새든 뱁새든, 가진 자든 못 가진 자든 모두 돈에 미쳐 난리다. 돈이 주인인 세상이다. 돈이 있으면 왕이요, 돈이 없으면 개, 돼지다. 사랑이든 우정이든 그 무엇도 돈의 힘을 이길 수 없다. 돈이 있으면 뭐든 할 수 있다. 돈이 있으면 안 되는 게 없다. 돈 때문에 사랑을 하고, 돈 때문에 우정을 맺는다. 그러니까 당연히 돈 때문에 사랑을 쉽게 버리고, 우정을 쉽게 버린다. 소설 속 여자는 돈 때문에 사랑을 버리고 돈 때문에 사랑을 한다. 그리고 돈 때문에 버린 사랑을 다시 하고 다시 한 사랑을 다시 버린다. 소설 속 초대받은 이들은 같은 사람의 초대장인데도 돈 때문에 파티에 오고, 돈 때문에 장례식에 오지 않는다. 돈 때문에!

개츠비는 돈의 힘을 누구보다 잘 아는데도 사랑 때문에 돈을 벌고, 사랑 때문에 날마다 화려한 파티를 열며, 사랑 때문에 살인죄를 뒤집어쓰고, 사랑 때문에 목숨을 바쳤다. 개츠비가 위대한 이유다. 소설 속 초대받은 이들은 돈 때문에 "위대한 개츠비, 당신 최고예요! 우리는 당신을 좋아해요!"라고 외친다. 이 외침은 "우리는 당신이 아니라, 당신의 돈을 좋아해요!"라는 불편한 진실을 숨기고 있다. 소설 속 여자는 "개츠비, 당신을 사랑해요!"라고 속삭인다. 이 속삭임도 "당신이 아니라, 당신의 돈을 사랑해요!"라는 불편한 진실을 숨기고 있다. 돈이 주인인 미친 세상에서는 돈에 병들고 돈에 진심이 가려지고 오염되어 소통이 되지 않는다.

돈에 점령되고 오염된 삶을 사는 이들은 BTS의 말처럼 돈이 없는 이들을 개, 돼지라 부르고, 돈이 안 되는 진실은 귀가 있어도 들질 않고 눈이 있어도 보질 않는다. BTS와 같은 청춘들을 미치게 만들고 "MAYDAY MAYDAY"라고 소리 지르게 만드는 미친 뉴스를 봐도 돈에 눈이 먼 이들은 아무렇지 않다. 온 천지 사방이 지옥 같고 온라인과 오프라인이 다 지옥 같아도, 잔혹하고 증오 가득 찬 댓글을 봐도 아무렇지 않다. 돈에 눈이 먼 이들은.

세상이 돈에 미쳐 돌아가니, 이들은 말만 하면 돈 이야기다. 친구를 만나도 주식이나 부동산 이야기. 친구 이야기를 해도 돈 많은 부모를 둔, 돈 많이 번 친구 이야기. 자신이나 자녀 이야기를 해도 돈 벌기 좋은 학교나 돈 많이 주는 회사에 들어간 이야기. 결혼식 초대장을 받으면 "얼마를 내야 하지?"라며 보낸 이의 가격을 매긴다. 심지어 덕담을 건넬 때도 "부자 되세요!"라거나 "대박 나세요!"라고 말한다. 돈에 미친 세상이다. BTS는 우리에게 묻는다. "넌 어때?" "BTS, 넌 어때?" BTS는 대답한다.

난 좀 아닌 것 같어 (…)
미친 세상 길을 잃어도

아직은 더 살고 싶어
찾고 싶어 나의 믿음을

내가 뭐 틀린 말 했어

_BTS, 〈Am I Wrong〉

소통이
우리를 해방한다

BTS의 노래 〈Am I Wrong〉에 담긴 병든 소통에 대한 비판과 건강한 소통에 대한 희망을 잘 보여주는 철학은 위르겐 하버마스Jürgen Habermas의 소통의 철학이다. 하버마스는《의사소통행위이론》에서 이렇게 말한다.

> 의사소통의 합리성은 [병든 현대사회를 해방하기 위해] 강제 없이(…) 합의를 하는(…) 대화가 가진 힘[이다].
> _하버마스,《의사소통행위이론》[4]

하버마스는 현대사회의 소통을 병들게 하는 원인을 찾고 건강한 소통을 되찾아 병든 사회를 해방할 가능성을 모색한다. 하버마스는 그 야심 찬 기획을 현대사회에 대한 베버의 정의에서 시작한다. 베버에 따르면 현대화는 곧 합리화다. 합리적이지 않은 것에서 합리적인 것으로의 변화를 현대화라고 한다. 합리화는 문화적 합리화와 사회적 합리화로 나눌 수 있다. 문화적 합리화는 마술이나 미신적 사고에서 벗어나는 탈마술화로 이성적인 사고가 늘어나는 것이다. 사회적 합리화는 주어진 목적에 가장 적합한 수단을 선택하는 경향이 늘어나는 것이다. 사회적 합리화의 산물로는 자본주의 경제체제나 정치체제, 관료적 근대국가 등이 있다.

일반적으로 현대화되기 이전의 전근대적인 사회보다 현대화된 사회를 바람직하다고 평가한다. 그러나 현대화가 더욱더 진행되면 인간이 의도하지 않았던 문제가 생긴다. 이를 문화적 합리화와 사회적 합리화가 불러온 역설이라고도 한다. 합리화는 긍정적 결과뿐만 아니라 부정적 결과도 함께 낳았다. 베버가 말하는 부정적 결과는 의미와 자유의 상실이다.

의미를 상실하는 이유는 신의 권위라는 보편적 규범이 사라졌기 때문이다. 중세에는 삶의 의미를 신의 권위와 말씀에서 찾았다. 신의 규범이자 계율인 십계명이 대표적이다. 신의 권위가 사라져버린 탓에 현대의 개인은 삶의 올바른 의미와 방향을 찾지 못하게 된다. 또 사회가 합리화될수록 인간이 생활하는 세계도 더욱 황폐화되고 관료화되면서 개인이 자율적이고 주체적으로 판단할 자유를 잃어버리는 현상이 나타난다. 결국 합리화는 개인을 정신이 없는 전문인으로 만들고 마음이 없는 향락 인간으로 만든다. 베버는 현대를 살아가는 개인이 합리화로 영혼 없이 즐기기만 하는 존재가 되어 영혼이 왜곡되고 억압되고 병들었다고 진단한다. 하버마스는 현대사회가 합리화의 결과로 의미와 자유가 상실되었다는 베버의 진단에 동의한다. 이성으로 무장한 과학은 신을 죽였고, 관료화된 사회 시스템은 개인을 죽였다.

하버마스는 더 나아가 현대인이 의미와 자유를 상실한 까닭을 현대사회가 합리화로 경제체계나 정치체계 같은 체계와 일상적인 삶이 이루어지는 생활 세계라는 두 가지 세계로 나누어진 데서도 찾는다. 경제체계나 정치체계는 돈과 권력을 매개로 노동을 통해 물질을 재생산하는 조직이다. 생활 세계는 언어를 매개로 의사소통이라는 상호작용을 통해 상징을 재생산하는 장이다. 각각은 서로 다른 메커니즘에 따라 작동한다. 그런데 정치체계나 경제체계 같은 체계가 돈과 권력으로 생활 세계의 자율성을 침해하고 오염시키면서 개인은 권위와 삶의 자유를 잃었다. 경제체계와 정치체계는 현대인을 돈과 권력의 노예로 만들어 생활 세계의 의사소통마저 왜곡시켰다. 현대인은 돈이나 권력의 체계에 갇혀 거짓말이나 그릇되고 진실하지 못하며 이해할 수 없는 말을 한다. 하버마스는 이를 두고 생활 세계가 체계의 식민지가 되었다고 말한다. 식민지가 된 생활 세계에서 사람들은 돈이나 권력이 아니면 귀가 있어도 듣질 않고, 눈이 있어도 보질 않는다.

[돈과 권력을 중심으로 작동되는] 경제와 정치[체계]의 [목적]합리적 방식이(…) [생활 세계]로 침투해 들어가 [식민화하여] 일상적 의사소통 행위가 사물화된다.

_하버마스,《의사소통행위이론》

거짓말을 하려면 참말을 알아야 한다

삶의 의미와 자유를 잃어버리고 향락과 돈과 권력의 노예가 되어버린 현대인의 영혼을 어떻게 치유해 해방할 수 있을까? 하버마스는 치유와 해방의 열쇠를 소통에서 찾는다. 그는 '소통이 우리를 해방한다'고 생각한다. 그는 의사소통이 의미와 자유를 되찾을 가능성을 제공할 수 있다고 믿는다. 더 정확히 말하면 의사소통의 토대인 보편적 규범이 의미와 자유를 되찾게 해줄 것이라 생각한다. 그는 의사소통, 다시 말해 대화의 밑바닥에는 보편적 규범이 전제되어 있다고 본다. 대화를 할 때 참여자들이 누구나 암묵적으로 동의하는 규범이 있다. 이 규범 없이는 심지어 왜곡된 의사소통을 포함해 어떠한 의사소통도 이루어질 수 없다. 예를 들어 거짓말을 하려면 참말을 전제해야 한다. 진리라는 보편적 규범을 전제하지 않고는 거짓말이 작동할 수 없다.

의사소통은 네 가지 규범을 전제로 한다. 참되고 옳으며 진실하고 이해할 수 있는 말을 해야 한다. 의사소통이 이루어지려면 비록 이 규범을 지키지 못하더라도 적어도 전제해야 한다. 규범을 지킨다는 것과 규범을 전제한다는 것은 다르다. 예를 들어 교통신호 체계가 작동하려면 교통신호의 규범을 전제해야 한다. '빨강 신호에 멈추고 초록 신호에 가야 한다'는 규범을 전제해야 교통신호 체계가 작동한다. 하지만 때때로 규범을 지키지 않을 수도 있다. 언어 체계도 마찬가지다. 언어 체계가 작동하려면 적어도 '이해 가능해야 한다'라는 언어 규범을 전제해야 한다. 때때로 이 규범을 지키지 않을 수도 있다. 이해 불가능한 말을 할 때가 얼마나 많은가. 그릇된 의사소통을 포함해 모든 의사소통은 진리성, 정당성, 진실성, 이해 가능성이란 규범을 전제해야 한다.

의사소통의 합리성은 이 보편적 규범에서 나온다. 말이 합리적이려면 인지의 관점에서 참이어야 하고 도덕의 관점에서 옳아야 한다. 심미의 관점에서 진실해야 하고 의미의 관점에서 뜻이 있어야 한다. 진리성이라는 규범은 과학이나 학문이라는 의사소통이, 정당성이라는 규범은 도덕이나 법이라는 의사소통이 추구하는 규범이다. 진실성이라는 규범은 예술이라는 의사소통이, 이해 가능성이라는 규범은 언어라는 의사소통 일반이 추구하는 규범이다. 과학이나 학문은 지식이 진리인지 아닌지, 도덕이나 법은 행위가 정당한지 아닌지 따진다. 예술은 작품이 진실한지 거짓인지 혹은 진짜인지 가짜인지, 언어는 말이 이해 가능한지 아닌지, 의미를 알 수 있는지 없는지 따진다.

이 네 가지 규범을 온전히 지키는 의사소통이야말로 왜곡되지 않고 억압받지 않으며, 자유롭고 평등하며 합리적이고 이상적인 의사소통이다. 하버마스는 이상적인 의사소통으로 바람직한 사회를 만들 수 있다고 생각한다. 속으로만 생각하고 말하지 않으면 세상은 바뀌지 않는다. 생각은 말을 통해 드러나 상호작용으로 서로에게 힘을 발휘한다. 먼저, 공론의 장에서 해방에 대한 관심을 가지고 자기반성을 통해 왜곡된 모습을 자각한다. 그런 다음 이상적인 모습을 추구하는 합리적 의사소통과 그것을 바탕에 둔 민주주의로 왜곡된 의사소통에서 해방되어 제대로 의사소통할 수 있는 자유를 되찾게 된다. 하버마스는 이런 자유만이 이상 사회를 만드는 원동력이라고 본다.

사회가 바람직하지 않은 이유는 의사소통이 병들었기 때문이다. 의사소통이 왜곡되고 병든 까닭은 돈이나 권력에서 비롯된 이해관계가 의사소통을 점령해서다. 우리는 일상의 만남에서도 어떻게 돈을 많이 벌 수 있는지, 어떻게 권력을 얻을 수 있는지 이야기한다. 돈을 많이 벌고 권력을 얻을 수 있는 교육, 학교, 직장, 투자, 교제, 결혼에 대해 이야기한다. 생활 세계가 경제체계나 정치체계의 논리에 철저히 점령당했다. 오염되고 식민화된 삶에서 벗어나 자유롭고 바람직한 공동체를 만들려면 무엇보다 돈과 권력이라는 이해관계에서 벗어나 건강하고 합리적인 의사소통을 되찾는 독립운동을 벌여야 한다.

오직 의사소통의 합리성만 생활 세계의 식민화에 저항할 분노와 논리를 제공한다.

_하버마스, 《의사소통행위이론》

wrong vs 소통

BTS는 세상이 길을 잃고 미쳤다고 한다. 정상이 아니다. It's Wrong! 왜일까? 귀가 있어도 들질 않고 눈이 있어도 보질 않아서다. BTS에게 세상이 길을 되찾아 미치지 않은 삶이란 어떤 것일까? 세상이 소통의 길을 찾아 틀린 말이나 거짓말을 하지 않고, 건강한 소통의 믿음을 되찾아, 황새와 뱁새가 전쟁을 치르지 않고, 가진 자들이 못 가진 자들에게 개, 돼지라고 하지 않는 삶이다. 온 천지 사방이 지옥인 뉴스나 증오 댓글을 더 이상 찾아볼 수 없는, 그래서 아직 더 살고 싶은 자유롭고 건강한 삶이다. 그렇지 않은가. Am I Wrong?

하버마스 또한 세상이 길을 잃고 뒤틀리고 병들었다고 한다. 정상이 아니다. It's Wrong! 왜일까? 소통이 길을 잃고 뒤틀리고 병들어서다. 하버마스에게 세상이 길을 되찾아 소통이 병들지 않은 건강한 삶이란 어떤 것일까? 돈이나 권력에 오염되지 않아 그림과 조각, 노래와 춤, 시와 소설, 연극과 영화, 신화와 역사, 사상과 철학에 대해 인간적인, 너무나 인간적인 사는 이야기를 나누는 삶이다. 서로 사랑하고 위로하고 공감하며 함께 기뻐하고 슬퍼하며 연대하는, 그래서 아직 더 살고 싶은, 돈과 권력에서 해방된 자유롭고 건강한 삶이다. 그렇지 않은가. Am I Wrong?

큰일 날 소리! 말 섞지 마

태초에 세상에는 언어가 하나뿐이어서 모두 같은 말을 썼다. 사람들은 들판에 모여 이렇게 말했다. "자, 여기에 도시를 세우고, 탑을 쌓고, 탑 꼭대기가 하늘에 닿게 해서 우리 이름을 날리고, 온 땅 위에 흩어지지 않게 하자!" 하나님은 사람들이 도시와 탑을 짓는 것을 보고 말씀하셨다. "보아라. 사람들이 같은 말을 쓰는 한 백성으로서, 이런 일을 하기 시작하였으니, 이제 그들은 하고자 하면 무엇이든지 하지 못할 일이 없을 것이다. 자, 내려가서 그들이 거기서 하는 말을 뒤섞어 서로 알아듣지 못하게 하자!" 하나님은 사람들이 하는 말을 뒤섞어 서로 알아듣지 못하게 해서 그들을 온 땅으로 흩어버렸다. 그래서 사람들은 도시와 탑을 세우는 일을 그만둘 수밖에 없었다. 사람들은 하나님이 온 세상의 말을 섞어버린 그곳을 뒤섞는다는 뜻의 '바벨Babel'이라 불렀다.[5]

성경의 창세기에 나오는 바벨탑 이야기다. 일반적으로 '신이 되고 싶은 욕망' '인간의 힘을 과시하려는 욕망' 때문에 탑을 높이 쌓다 하나님의 노여움을 사서 욕망이 좌절된 이야기로 이해한다. 그러나 한마음으로 하나의 목표를 달성하려는 공동체의 모습으로 해석해본다면 어떨까. 공동체가 길을 잃고 뒤틀리고 병들어 미치게 하는 방법은 간단하다. 말을 뒤섞어 서로 알아듣지 못하게 하면 된다. 돈과 권력에 대한 욕망에 물들게 해서.

누구나 자본주의사회에서 살다 보면 돈과 권력에 대한 욕망을 지니게 된다. 하지만 삶이, 아니 일상조차 돈과 권력에 대한 욕망으로 물든 사람에겐 자유롭고 건강한 소통은 없다. 이해관계에 얽매여 뒤틀리고 병든 소통만 있다. 황새와 뱁새가 전쟁을 치르지 않고, 가진 자들이 못 가진 자들에게 개, 돼지라고 하지 않으며, 온 천지 사방이 지옥인 뉴스나 증오 댓글을 더 이상 찾아볼 수 없고, 서로 사랑하고 위로하고 공감하며 함께 기뻐하고 슬퍼하며 연대하는, 인간적인 너무나 인간적인 자유로운 건강한 삶을 누릴 수 있다면 얼마나 좋을까. 그렇지 않은가. Am I Wrong?

귀가 있어도 듣질 않아
눈이 있어도 보질 않아(…)

The world's goin' crazy
넌 어때 how bout ya
You think it is okay?[6]

.

.

.

.

.

뭐라고?

안 들려!

자유는 돈과 권력에서 해방된 소통이다
이해관계만으로 소통하는 이에겐
사랑하고 위로하며 공감하는 인간적인 삶은 없다

Permission to Philosophy for Freedom
Philosophy like Butter

BTS vs 라캉

'Fake Love'와
욕망의 철학

Philosophy

Freedom

Dancing

Being

Wake up

Love Myself

Uniqueness

Fake Love

널 위해서라면 난
슬퍼도 기쁜 척할 수가 있었어
널 위해서라면 난
아파도 강한 척할 수가 있었어

사랑이 사랑만으로 완벽하길
내 모든 약점들은 다 숨겨지길
이뤄지지 않는 꿈속에서
피울 수 없는 꽃을 키웠어

I'm so sick of this
Fake Love Fake Love Fake Love
I'm so sorry but it's
Fake Love Fake Love Fake Love

I wanna be a good man just for you
세상을 줬네 just for you
전부 바꿨어 just for you
Now I dunno me, who are you?

우리만의 숲 너는 없었어
내가 왔던 route 잊어버렸어
나도 내가 누구였는지도 잘 모르게 됐어
거울에다 지껄여봐 너는 대체 누구니

널 위해서라면 난
슬퍼도 기쁜 척할 수가 있었어
널 위해서라면 난
아파도 강한 척할 수가 있었어

사랑이 사랑만으로 완벽하길
내 모든 약점들은 다 숨겨지길
이뤄지지 않는 꿈속에서
피울 수 없는 꽃을 키웠어

Love you so bad Love you so bad
널 위해 예쁜 거짓을 빚어내
Love it's so mad Love it's so mad
날 지워 너의 인형이 되려 해
Love you so bad Love you so bad
널 위해 예쁜 거짓을 빚어내
Love it's so mad Love it's so mad
날 지워 너의 인형이 되려 해

I'm so sick of this
Fake Love Fake Love Fake Love
I'm so sorry but it's
Fake Love Fake Love Fake Love

Why you sad? I don't know 난 몰라
웃어봐 사랑해 말해봐
나를 봐 나조차도 버린 나
너조차 이해할 수 없는 나

낯설다 하네 니가 좋아하던 나로 변한 내가
아니라 하네 예전에 니가 잘 알고 있던 내가
아니긴 뭐가 아냐 난 눈멀었어
사랑은 뭐가 사랑 It's all fake love

(Woo) I dunno I dunno I dunno why
(Woo) 나도 날 나도 날 모르겠어
(Woo) I just know I just know I just know why
Cuz it's all Fake Love Fake Love Fake Love

Love you so bad Love you so bad
널 위해 예쁜 거짓을 빚어내
Love it's so mad Love it's so mad
날 지워 너의 인형이 되려 해
Love you so bad Love you so bad
널 위해 예쁜 거짓을 빚어내
Love it's so mad Love it's so mad
날 지워 너의 인형이 되려 해

I'm so sick of this
Fake Love Fake Love Fake Love
I'm so sorry but it's
Fake Love Fake Love Fake Love

널 위해서라면 난
슬퍼도 기쁜 척할 수가 있었어
널 위해서라면 난
아파도 강한 척할 수가 있었어

사랑이 사랑만으로 완벽하길
내 모든 약점들은 다 숨겨지길
이뤄지지 않는 꿈속에서
피울 수 없는 꽃을 키웠어

작사·작곡 Pdogg, 방시혁, RM
노래 BTS

니가 좋아하던 나로
변한 나

⟨Fake Love⟩의 핵심 노랫말은 "니가 좋아하던 나로 변한 나"다. ⟨Fake Love⟩는 거짓된 사랑을 이야기하는 노래다. 네가 나를 좋아하길 바랐기 때문에 '내가 좋아하는 나'가 아니라 '니가 좋아하는 나'로 너를 사랑했다. 널 위해서라면 난 슬퍼도 기쁜 척했고, 널 위해서라면 난 아파도 강한 척했다. 하지만 그것은 아무리 아름다워 보여도 거짓된 사랑이다. 나는 나를 잃어버렸다. 나의 삶을 송두리째 잃어버렸다. 이런 사랑은 정말 미친 사랑이다. 거짓된 사랑이라는 열쇠 말로 노랫말을 풀어보자.

널 위해서라면 난 슬퍼도 기쁜 척할 수 있었다. 널 위해서라면 난 아파도 강한 척할 수 있었다. 사랑이 사랑만으로 완벽하길 바랐다. 내 모든 약점은 다 숨겨지길 바랐다. 이뤄지지 않는 꿈속에서 피울 수 없는 꽃을 키웠다. 난 이런 가짜 사랑이 너무 지겹다. 정말 미안하지만 이것은 가짜 사랑이다.

나는 오직 너만을 위해 좋은 사람이 되려고 했다. 오직 너만을 위해, 내 모든 걸 줬고 내 모든 걸 전부 바꿨다. 나는 너를 사랑한다. 정말 나쁜 방식으로. 나는 널 위해 예쁜 거짓을 빚어낸다. 날 지우고 너의 인형이 되려 한다. 난 이런 가짜 사랑이 너무 지겹다. 정말 미안하지만 이것은 가짜 사랑이다.

이제 난 모르겠다. 넌 누구냐? 거울에 비친 내 모습을 보고 거울에다 지껄여본다. 내가 살아왔던 길을 잃어버렸다. 나도 내가 누구였는지 잘 모르게 됐다. 너는 대체 누구냐? 이런 사랑은 정말 미친 사랑이다. 난 이런 가짜 사랑이 너무 지겹다. 정말 미안하지만 이것은 가짜 사랑이다.

내가 왜 슬퍼하냐고 너는 묻지만 그 까닭을 난 모른다. 너는 나보고 웃어보라고, 사랑한다고 말해보라고 한다. 하지만 나를 봐라. 나조차도 버린 나를 봐라. 너조차도 이해할 수 없게 변해버린 나를 봐라. 너는 내가 낯설다고 한다. 네가 좋아하던 나로 변한 나를 낯설다고 한다. 예전에 네가 잘 알고 있던 내가 아니라고 한다. 바로 그 나다! 네가 좋아하던 나로 변한 내가 예전에 네가 잘 알고 있던 바로 그 나다. 이것은 다 가짜 사랑이다.

이것은 사랑이 아니다. 난 눈이 멀었다. 나도 내가 왜 가짜 사랑을 하는지 모르겠다. 나도 날 모르겠다. 다만 이 모든 게 가짜 사랑이라는 것만 알겠다. 난 이런 가짜 사랑이 너무 지겹다. 정말 미안하지만 이것은 다 가짜 사랑이다.

〈Fake Love〉는 《LOVE YOURSELF 轉 'Tear'》 앨범의 타이틀곡이다. 《LOVE YOURSELF》 시리즈는 "나 자신을 사랑하는 것이 진정한 사랑의 시작"이라는 메시지를 전한다. 《LOVE YOURSELF 起 'Wonder'》와 《LOVE YOURSELF 承 'Her'》가 "사랑의 설렘과 두근거림"을 노래했다면 《LOVE YOURSELF 轉 'Tear'》는 "이별의 아픔과 상실감"을 노래한다. 〈Fake Love〉는 "나 자신으로는 사랑받지 못할 것이라는 두려움에" 니가 좋아하는 나로 가면을 쓴 "비뚤어진 사랑은 필연적으로 이별에 이른다"는 깨달음을 노래한다.[1] 이 노래의 주제를 잘 보여주는 영화가 있다. 린 램지Lynne Ramsay 감독의 〈케빈에 대하여We Need to Talk About Kevin〉다.[2] 이 영화를 바탕으로 BTS가 〈Fake Love〉로 전하고자 하는 메시지를 살펴보자.

사랑에 꿈을 묻고
사랑에 활을 쏘다

케빈의 엄마는 여행 전문가다. 자유롭게 여행하는 삶을 가장 큰 기쁨으로 여기는 자유분방한 여성이다. 그런데 파티에서 만난 남자와 사랑을 나누고 덜컥 임신해버린다. 그렇게 해서 태어난 아이가 케빈이다. 아이가 태어나자 아빠는 매우 기뻐하지만, 엄마는 매우 우울해하고 슬퍼한다. 아이의 탄생은 곧 자신만의 자유로운 삶의 종말이라 생각했으니까. 자신의 자유로운 삶을 앗아 간 아이가 밉다. 아이는 동물적 감각으로 이런 엄마의 마음을 눈치챈다. 아이는 엄마의 사랑을 원하지만, 엄마는 아이가 원하는 것을 번번이 거부한다. 그래서 아이는 엄마가 원하는 것을 거부한다. 엄마가 안으려 하면 울어버린다. 공을 굴려 보내면 다시 굴려 보내지 않고 그냥 바라보기만 한다. 마치 엄마의 사랑을 원하지 않는 것처럼. 하지만 방법이 다를 뿐이지 원하는 목표는 여전히 같았다. 아이는 여전히 엄마의 사랑을 간절히 원했고, 그것을 얻기 위해 그렇게 행동했다.

그사이 여동생이 태어난다. 엄마는 이제 꿈을 포기하고 자신의 삶을 받아들이며 딸을 사랑한다. 엄마가 사랑하는 대상이 아빠 말고 한 사람 더 늘어난 것이다. 케빈은 엄마가 사랑하는 여동생을 괴롭힌다. 여동생이 사랑하는 기니피그를 몰래 죽이고, 여동생의 눈을 다치게 만든다. 어느덧 고등학생이 되었지만, 여전히 엄마의 사랑을 받지 못한다. 우연히 엄마와 아빠의 이혼 이야기를 엿들은 케빈은 여동생만 데리고 가겠다는 엄마의 이야기를 듣고 마침내 극단적인 선택을 한다. 여동생과 아빠를 활로 쏴 죽이고 거기서 그치지 않고 학교로 가서 체육관 문을 잠근 후 거기 있던 아이들도 활로 쏴 죽인다.

케빈은 소년원에 가고 엄마는 면회를 간다. 탁자에 마주 앉은 두 사람은 한마디도 하지 않지만 엄마는 계속 아들을 찾아간다. 그렇게 여러 번 계절이 바뀌었다. 어느 날 면회가 끝나 돌아가는 아들에게 엄마가 묻는다. "왜 그랬니?" 아들은 대답한다. "안다고 생각했는데 지금은 잘 모르겠어." 엄마는 아들을 말없이 안아준다.

우리가 '케빈에 대하여' 알 수 있는 것은 무엇일까? 케빈이 자신의 욕망이 아니라 엄마의 욕망을 욕망했다는 점이다. 그 모든 비극이 거기서 비롯되었다. 엄마의 욕망을 욕망한다는 게 뭘까? 엄마가 자기를 원하기를 욕망하는 것이다. 엄마의 욕망을 욕망함으로써 엄마에게 다가가려 했지만, 아이러니하게도 엄마의 욕망을 욕망할수록 엄마에게서 점점 더 멀어져갔다.

물론 삐뚤어진 방식으로 엄마의 욕망을 욕망했기 때문에 다가갈 수 없었던 게 아니냐고 되물을 수도 있다. 엄마가 자신을 원하길 욕망한다면 엄마가 자신에게 원하는 것을 하길 욕망해야 한다. 그런데 영화 속 아들은 엄마가 자신을 원하길 욕망하면서도 엄마가 자신에게 원하는 것을 하지 않길 욕망했기 때문에 자기가 원하는 엄마의 사랑을 받을 수 없었다고 생각할 수도 있다. 정말 엄마가 자신에게 원하는 것을 하길 욕망하면 엄마의 사랑을 받을 수 있을까? 진정한 사랑을 이룰 수 있을까?

엄마가 원하는 대학에 가고 원하는 직업을 선택하며 원하는 사람과 결혼하고 엄마가 원하니까 아이를 낳는 건 엄마가 대신 사는 삶이지 내가 사는 삶이 아니다. 그런 나를 사랑하는 엄마는 엄마가 좋아하는 나를 사랑하는 것이지 진짜 나를 사랑하는 게 아니다. 그런 엄마에 대한 나의 사랑도 엄마가 좋아하는 내가 하는 사랑이지 진짜 내가 하는 사랑이 아니다.

그건 가짜 사랑이라고 BTS는 말한다. 사랑하는 이를 위해서라면 슬퍼도 기쁜 척하고 아파도 강한 척하는 것은 가짜 사랑이라고 말한다. 오직 사랑하는 이만을 위해 좋은 사람이 되려고 하는 것은 가짜 사랑이라고 말한다. 그건 사랑하는 이의 인형이 되는 것이지 연인이 되는 게 아니다. 사랑하는 이의 인형이 사랑하는 것이지 내가 사랑하는 게 아니니까. 그런 사랑을 하면 결국 내가 좋아하는 내가 누구인지 잊어버리고, 내가 좋아하는 나를 잃어버리게 된다.

날 지워 너의 인형이 되려 해 (…)
I'm so sorry but it's

Fake Love Fake Love Fake Love

_BTS, 〈Fake Love〉

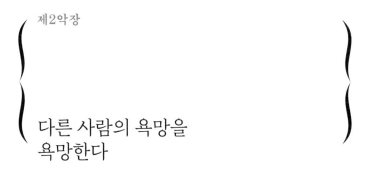

제2악장

다른 사람의 욕망을 욕망한다

BTS의 노래 〈Fake Love〉에 담긴 위선적인 가짜 사랑에 대한 비판을 잘 보여주는 철학은 자크 라캉Jacques Lacan의 욕망의 철학이다. 라캉은 《에크리》에서 이렇게 말한다.

[우리]는(…) 다른 사람이 욕망하는 대상으로 태어난다. [그래서 다른 사람의 욕망을 욕망한다.]
_라캉, 《에크리》[3]

다른 사람의 욕망을 욕망한다는 건 무슨 뜻일까? 욕망은 대상에 대한 일반적인 욕망과 욕망 자체에 대한 욕망으로 나눌 수 있다. 대상에 대한 욕망은 빵이나 떡을 먹고 싶을 때처럼 빵과 떡에 대한 직접적인 욕망을 말한다. 욕망에 대한 욕망은 다른 사람이 나를 욕망하기를 욕망하는 간접적인 욕망을 말한다. 욕망에 대한 욕망의 대표적인 예는 사랑에 대한 욕망이다. 우리는 사랑하는 사람이 나를 욕망하기를 욕망한다.

도대체 왜 우리는 다른 사람의 욕망을 욕망할까? 라캉은 이 질문에 답하기 위해 유년기 성 충동에 관련된 프로이트의 이론을 기본 틀로 계승한다. 프로이트는 우리가 살면서 겪는 여러 문제의 원인은 대부분 사랑과 관련된 어린 시절의 경험에서 영향을 받는다고 한다. 라캉은 유년기 성적 욕망의 발달 단계를 실재계, 상상계, 상징계의 세 가지 세계로 설명한다.

인간은 태어나자마자 실재계에 있다. 실재계는 충동이 지배하는 단계다. 이때의 논리는 1자 관계다. 여기에서는 나와 너의 구분이 없다. 나라는 생각, 너라는 생각이 없다. 어머니와 내가 있어도 둘이 아니라 하나라고 여긴다. 구순기라고 부르는, 입이 중심이 된 세계다. 어머니의 젖꼭지를 내 밖에 있는 어떤 것이라 생각하지 않고 나와 구분 없이 하나로 생각한다. 실재계에서는 그냥 누리는 주이상스jouissance의 원리가 작동한다. 에덴동산에서 아담과 이브는 충동에 따라 살았고, 나와 너의 구분이 없었다. 충동에 대한 만족만 있을 뿐이었다.

실재계 단계를 지나면 어린아이가 거울 속에서 나를 본다. 거울 속에서 나를 발견하고 처음에는 내가 아닌 낯선 이로 인식한다. 그러다 그 낯선 이가 나라는 사실을 깨닫게 된다. 나를 깨달으면 나와 어머니 사이에 분리가 일어나 2자 관계가 된다. 어머니의 젖꼭지가 나와 전혀 다른 것임을 알게 된다. 하지만 어머니의 젖꼭지를 여전히 내 것이라고 상상한다. 상상은 다른 것을 같은 것으로 만드는 동일화 원리에 따라 이야기를 만들어내는 전략 기술이다. 상상계의 단계다.

그다음은 아버지라는 제3자의 개입으로 상징계의 단계로 넘어간다. 아버지는 어머니와 나 사이에 개입해 내가 어머니를 사랑하지 못하도록 억압하고 금지하며 거세한다. 실재계에서는 본능적으로 좋아하는 충동이 작동하고, 상상계에서는 자기 것으로 상상해 좋아하는 욕구가 작동한다면, 상징계에서는 처음으로 자기 것으로 만들고 싶은 욕망이 생겨나서 작동한다. 욕망은 금지에서 생겨난다. 금지당하면 비로소 결핍이 느껴지고, 그 결과 결핍을 채우고 싶다는 욕망이 탄생한다. 욕망이 생기는 동시에 욕망의 대상과 주체도 생긴다. 어머니나 어머니의 젖꼭지는 욕망의 대상a을 상징하고, 나는 욕망의 주체 S를 상징하며, 나의 욕망은 욕망함◇을 상징하고, 아버지는 욕망을 금지하는 이A를 상징한다. 아버지의 금지에 의해 욕망의 주체인 내가 욕망의 대상인 어머니나 어머니의 젖꼭지를 욕망하는 3자 관계의 상징 구조가 생긴다.

상징계에서는 환상이라는 수단 또는 문화기술[4]을 사용해 어머니의 욕망을 욕망한다. 라캉은 환상을 $S◇a$라는 기호로 표현했다. 깨어진 S는 욕망의 주체인 나를 상징한다. S는 주체subject의 첫 글자다. 사선을 그은 이유는 결핍되어 온전하지 않기 때문이다. 다이아몬드◇는 욕망함을 상징한다. 소문자 a는 욕망의 대상인 어머니를 상징한다. 환상은 바로 '분열된 나' 또는 '결핍된 나'가 이야기를 통해 금지된 대상인 어머니를 욕망하는 방식이다. 환상은 단순히 어머니를 욕망하는 데 그치지 않고 어머니의 욕망을 욕망한다. 어머니가 나를 욕망하기를 욕망한다. 또 어머니가 나를 욕망하도록 하기 위해 어머니가 욕망하는 것을 욕망한다. 예를 들어 어머니가 내가 울지 않는 것을 욕망하면 나도 내가 울지 않는 것을 욕망한다. 환상은 결국 "니가 좋아하는 나"로 변하길 욕망한다.

환상은 (…) $\$ \diamond a$ 다. [아버지의 금지로 분열된/결핍된 나 $\$$ 는 환상을 통해 금지된 어머니의 욕망 a 을 욕망한다 $\diamond$.]
_라캉, 《에크리》

연극이 끝났을 때
고통스럽지만, 고통스러워서 즐거운

라캉의 실재계, 상상계, 상징계는 발달단계일 수도 있지만, 우리 마음이 살고 있는 세 가지 정신세계일 수도 있다. 라캉은 우리에게 실재의 세계, 상상의 세계, 상징의 세계라는 세 가지 마음의 지도를 그려서 보여준다. 다시 말해 우리 마음이 오가는 충동의 세계, 욕구의 세계, 욕망의 세계다. 우리 마음을 지배하는 것은 무엇보다 욕망이다. 금지되고 거세된, 어머니의 욕망에 대한 욕망이다. 하지만 금지되고 거세되어 결코 실현될 수 없기에 우리의 욕망은 늘 과녁에서 벗어나 미끄러져 다른 대상으로 옮겨 다닌다. 돈, 권력, 명예, 사랑 등 우리가 욕망하는 대상은 다양하지만, 늘 그것들만으로는 채워지지 않는 근본적인 공허함을 느낀다.

늘 거짓된 욕망을 추구하는, 그래서 공허한 이 연극 같은 삶에서 벗어나는 방법은 없을까? 상징의 세계를 넘어 다시 실

재의 세계로 돌아가야 한다. 나만의 고유한 실재의 세계로 돌아가 온갖 상징의 가면을 벗고 다른 사람의 욕망이 아니라 내 본능에 충실해 주이상스를 누려야 한다. 주이상스는 금지를 넘어선 것이어서 선악의 저편에 있다. 금지나 한계를 모른다. 누릴 수 있거나 견딜 수 있는 만큼에 만족하지 않고 늘 그 너머를 향한다. 누릴 수 있거나 견딜 수 있는 한계를 넘어선 즐거움에는 고통이 따른다. 그럼에도, 아니 그래서 더 즐겁다. 주이상스는 고통스러운 즐거움이다. 고추냉이가 매워서 견딜 수 없을 정도로 고통스러운데도, 아니 그래서 더 즐거운 것과 마찬가지다. 우리의 본능에는 아마도 고통을 향한, 어쩌면 죽음을 향한 충동이 도사리고 있는 것 같다. '니가 좋아하는 나'가 아니라 '내가 좋아하는 나'의 본능에 충실해 금지나 한계를 모르고 고통이나 죽음마저 무릅쓰는 주이상스는 고통스럽지만, 아니 그래서 더 즐거운 최상의 즐거움이다.

내가 욕망하는 것이 진짜로 내가 원하는 것인지 알려면 다시 태어나야 한다.

_라캉, 《에크리》

제3악장

fake love vs
다른 사람의 욕망

BTS는 내가 하는 사랑이 가짜 사랑일 수 있다고 한다. 왜일까? 내가 니가 좋아하던 나로 변해서다. BTS에게 니가 좋아하던 나로 변하지 않는 진짜 사랑을 하는 삶은 어떤 삶일까? 널 위해서 슬퍼도 기쁜 척하지 않고 널 위해서 아파도 강한 척하지 않으며, 오직 너만을 위해 내 모든 걸 주거나 바꾸지 않는 삶이다. 내가 살아왔던 길을 잃어버리지 않고 내가 누구였는지 알며, 날 지우고 너의 인형이 되려 하지 않으며, 눈이 멀지 않고 진짜 나로 진짜 사랑을 하는, 자유롭고 정직한 삶이다.

라캉은 내가 추구하는 욕망이 가짜 욕망일 수 있다고 한다. 왜일까? 다른 사람의 욕망을 욕망해서다. 라캉에게 다른 사람의 욕망을 욕망하지 않는 진짜 욕망을 추구하는 삶은 어떤 것일까? 나만의 고유한 실재 세계로 돌아가 온갖 상징의 가면을 벗고 다른 사람의 욕망이 아니라 나의 본능에 충실한 삶, 그래서 선악의 저편에서 금지나 한계를 모르며 고통이나 죽음마저 무릅쓰는 삶이다. 고통스럽지만, 아니 그래서 더 즐거운 주이상스를 누리는 자유롭고 정직한 삶이다. '니가 좋아하는 나'가 아니라 '내가 좋아하는 나'의 본능에 충실해, 누릴 수 있거나 견딜 수 있는 만큼에 만족하지 않고, 늘 그 너머를 향하는 고통스러운 즐거움을 추구하며, 나만의 세상을 만드는 자유롭고 정직한 삶이다.

청개구리, 엄마가 좋아하는 나로 변한

어머니의 말을 듣지 않고 반대로 행동하는 청개구리가 있었다. 열심히 일하라고 하면 게으름을 피우고, 도와달라고 하면 놀러 나가고, 사이좋게 지내라고 하면 싸웠다. 그러다 어머니가 병들어 죽게 되었다. 어머니는 청개구리가 늘 반대로만 했으니 이번에도 반대로 행동할 것이라 생각하고 자신이 죽으면 강가에 묻어달라고 유언을 남겼다. 하지만 청개구리는 어머니가 살아 계실 때 늘 반대로만 한 것을 뒤늦게 후회하면서 유언만은 제대로 듣기로 마음먹고 어머니를 강가에 묻어드린다. 그래서 청개구리는 비만 오면 슬프게 운다. 어머니의 무덤이 떠내려갈까 봐.[5]

구전설화 청개구리 이야기다. 이 이야기에서 말 안 듣는 아이를 가리키는 '청개구리 같다'는 말이 생겨났다. 유교 사회에서 효는 충과 더불어 매우 중요한 윤리 덕목이었다. 청개구리 이야기는 불효를 꾸짖는 교육적 목적으로 만들어낸 이야기다. 하지만 효는 가짜 사랑이요, 가짜 욕망일 수 있다. 부모가 좋아하는 나로 변해 부모가 원하는 것을 욕망하기 때문이다. 부모를 위해서 슬퍼도 기쁜 척하고 아파도 강한 척하며, 내가 누구인지, 내가 무엇을 원하는지 알려고 하기보다 오직 부모가 원하는 사람이 되려 하고, 부모의 인형이 되려 하기 때문이다.

오히려 청개구리 같은 '불효'의 삶이야말로 진짜 사랑이요, 진짜 욕망일 수 있다. 부모를 위해 슬퍼도 기쁜 척하지 않고 아파도 강한 척하지 않으며, 부모의 욕망에 얽매이지 않고 부모가 원하는 나로 변하지 않으며, 충동에 기반한 나만의 진짜 사랑과 진짜 욕망을 추구해 나만의 자유롭고 정직한 삶을 사니까.

누구나 살다 보면 다른 사람의 욕망을 욕망할 수 있다. 하지만 다른 사람의 욕망을 욕망하는 사람에겐 나를 위한 자유롭고 정직한 삶은 없다. 니가 좋아하는 나로 변하지 않고 나만의 진짜 욕망을 추구해 나만의 고유한 세상을 만드는 자유롭고 정직한 삶은.

|
널 위해서라면 난
슬퍼도 기쁜 척할 수가 있었어

널 위해서라면 난
아파도 강한 척할 수가 있었어[6]

[넌 어때 how bout ya]

.

.

.

.

.

.

.

난 좀 아닌 것 같어

I wanna be a good man just for me

자유는 내가 좋아하는 내가 되려는 욕망이다
다른 사람의 욕망을 욕망하는 이에겐
나만의 세상을 만드는 정직한 삶은 없다

◆

BTS vs 들뢰즈

'쩔어'와
리좀의 철학

Philosophy

Freedom

Dancing

Being

Wake up

Love Myself

Uniqueness

쩔어

어서 와 방탄은 처음이지?

Ayo ladies & gentleman
준비가 됐다면 부를게 yeah
딴 녀석들과는 다르게
내 스타일로 내 내 내 내 스타일로 Eh oh

밤새 일했지 everyday
네가 클럽에서 놀 때 yeah
자 놀라지 말고 들어 매일
I got a feel, I got a feel
난 좀 쩔어

아 쩔어 쩔어 쩔어 우리 연습실 땀내
봐 쩌렁 쩌렁 쩌렁한 내 춤이 답해
모두 비실이 찌질이 찡찡이 띨띨이들
나랑은 상관이 없어 Cuz 난 희망이 쩔어 haha

Ok 우린 머리부터 발끝까지 전부 다 쩌 쩔어
하루의 절반을 작업에 쩌 쩔어
작업실에 쩔어 살어 청춘은 썩어가도
덕분에 모로 가도 달리는 성공 가도
소녀들아 더 크게 소리 질러 쩌 쩌렁

밤새 일했지 everyday
네가 클럽에서 놀 때 yeah
딴 녀석들과는 다르게
I don't wanna say yes
I don't wanna say yes

소리쳐봐 all right
몸이 타버리도록 all night (all night)
Cause we got fire (fire) higher (higher)
I gotta make it, I gotta make it
쩔어

거부는 거부해
난 원래 너무해
모두 다 따라 해
쩔어

거부는 거부해
전부 나의 노예
모두 다 따라 해
쩔어

3포 세대 5포 세대
그럼 난 육포가 좋으니까 6포 세대
언론과 어른들은 의지가 없다며 우릴 싹 주식처럼 매도해
왜 해보기도 전에 죽여 걔넨 enemy enemy enemy
왜 벌써부터 고개를 숙여 받아 energy energy energy

절대 마 포기 you know you not lonely
너와 내 새벽은 낮보다 예뻐
So can I get a little bit of hope yeah
잠든 청춘을 깨워 go

밤새 일했지 everyday
니가 클럽에서 놀 때 yeah
딴 녀석들과는 다르게
I don't wanna say yes
I don't wanna say yes

소리쳐봐 all right

몸이 타버리도록 all night (all night)
Cause we got fire (fire) higher (higher)
I gotta make it, I gotta make it
쩔어

거부는 거부해
난 원래 너무해
모두 다 따라 해
쩔어

거부는 거부해
전부 나의 노예
모두 다 따라 해
쩔어

이런 게 방탄 스타일
거짓말 wack들과는 달라
매일이 hustle life
I gotta make it fire baby

이런 게 방탄 스타일
거짓말 wack들과는 달라
매일이 hustle life
I gotta make it, I gotta make it
난 좀 쩔어

Say what
Say wo wo
Say what
쩔어

작사 Slow Rabbit, 귓방망이, 방시혁, SUGA, 제이홉
작곡 Pdogg, 귓방망이, 방시혁, RM, SUGA, 제이홉
노래 BTS

{ }

난 "예"라 말하기 싫어

〈쩔어〉의 핵심 노랫말은 "I don't wanna say yes"다. 〈쩔어〉는 주어진 틀에 갇혀 절망하는 욕망을 비판하는 노래다. 네가 놀 때 밤새 일했다. "포기하라!"는 명령에 "예"라 말하기 싫으니까. 우릴 3포 세대, 5포 세대라고 부른다. 의지가 없다며 기부터 죽인다. 하지만 절대 포기하지 마라. 새벽은 낮보다 예쁘다. 우리 잠든 청춘의 희망을 깨우자. 내 스타일대로 노래를 부르겠다, 쩔게. 절망과 희망이라는 열쇠 말로 노랫말을 풀어보자.

네가 클럽에서 놀 때 난 날마다 밤새 일했다. 자, 놀라지 말고 들어라. 난 노래를 부를 거다. 내 스타일대로 쩔게. 다른 친구들은 모두 비실비실하고 찌질하며 쩡쩡대고 떨떨하지만 난 그렇지 않다. 우리 연습실 땀내를 봐라. 쩌렁쩌렁한 내 춤을 봐라. 난 희망이 넘치니까.

네가 클럽에서 놀 때 우린 날마다 밤새 일했다. 너희들과는 다르게 난 "포기하라!"는 명령에 "예"라고 말하기 싫으니까. 우린 머리부터 발끝까지 전부 다 온 힘을 다했다. 청춘이 썩을 정도로 하루의 절반을 작업실에 박혀 온 힘을 다해 작업했다. 우리 노래로 분위기를 높였으니 제대로 소리치며 놀아봐라. 몸이 타버릴 정도로 밤새 소리치며 놀아봐라. 우린 희망이 넘치니까.

모두 나를 따라 해봐라. 절대 포기하지 마라. 내 말을 거부한다고? 그런 거부는 내가 거부할 거다. 언론과 어른들은 우릴 3포 세대, 5포 세대라 부른다. 그들은 우릴 의지가 없다며 매도한다. 시도해보기도 전에 기부터 죽인다. 하지만 절대 포기하지 마라. 왜 벌써부터 고개를 숙이냐. 넌 혼자가 아니다. 내가 함께한다. 기죽지 마라. 내가 기를 팍팍 넣어주겠다. 너와 내 새벽은 낮보다 예쁘다. 그래서 우리는 희망을 가질 수 있다. 우리의 잠든 청춘을 깨우자. 이런 게 방탄 스타일이다. 형편없는 가수들과는 다르다. 우리는 매일 열심히 산다. 이런 게 방탄 스타일이다. 우린 쩌는 가수들이다. 우린 희망이 넘치니까.

〈쩔어〉는 소년들의 '꿈, 행복, 사랑'을 노래한 학교 3부작을 마무리하고 시작한 청춘 2부작의 첫 번째 앨범 《화양연화 pt. 1》에 실린 노래다. 《화양연화 pt. 1》은 "인생의 가장 아름다운 순간을 뜻하는 '화양연화'", 청춘에 대해 이야기한다. "이제 막 청춘기에 접어든 방탄소년단은 아름다움과 불안이 공존하는 이 순간을 테마로" 삼고 "청춘의 찬란함보다는 불확실한 미래에 대한 위태로움에 주목"했다. 〈쩔어〉는 "포기하라!"는 명령에 "예"라 말하기 싫어 "남들이 놀고 즐길 때 열심히 연습하고 음악을 만드는(…) 자신감"을 노래하며 주어진 틀에 갇혀 절망하는 청춘들의 욕망을 비판한다.[1] 이 노래의 주제를 잘 보여주는 소설이 있다. 헤르만 헤세의 《수레바퀴 아래서 Unterm Rad》다.[2] 이 소설을 바탕으로 BTS가 노래 〈쩔어〉로 전하고자 하는 메시지를 살펴보자.

수레바퀴 아래 깔린
인간적인, 너무나 인간적인 꿈

천재 시골 소년이 있다. 소년은 출세의 꿈을 꾼다. 소년을 통해 마을 사람들은 대리 만족을 꿈꾼다. 소년의 출세 프로젝트는 '우리 동네에서도 유명한 사람을 만들자'는 목표를 내건 마을 전체의 특별 프로젝트가 된다. 교장 선생님은 그리스어를, 목사는 라틴어와 종교학을, 수학 선생님은 수학을 소년에게 가르쳐준다. 마침내 소년은 명문 학교에 입학해 자신과 마을 사람들의 소원을 이루었다. 그런데 교장 선생님은 소년에게 축하와 더불어 충고를 건넨다. "한스, 아무튼 지치지 않도록 해야 하네. 그렇지 않으면 수레바퀴 아래 깔릴지도 모르니까."

아니나 다를까, 난다 긴다 하는 뛰어난 아이들이 출세의 꿈을 품고 모인 명문 학교에서 우수한 성적을 거둬 성공한다는 것은 대단히 어려운 일이었다. 소년은 결국 수레바퀴 돌아가듯 쉴 틈 없이 돌아가는 경쟁하는 삶에 적응하지 못하고 좌절한다. 수레바퀴 아래 깔리고 만 셈이다. 교장 선생님의 걱정이 현실이 되어버렸다. 마을로 돌아온 소년은 기계공으로 일한다. 하지만 적응하지 못하고 결국 물에 빠져 죽는다. 토끼 기르기와 낚시하기, 산책하기를 좋아했던 소년이 출세의 꿈을 이루기 위해 모든 것을 포기했지만, 결국 감당하지 못하고 그 꿈의 수레바퀴 아래 깔려 헤어 나오지 못했다. 유일하게 마을 프로젝트를 반대한 구둣방 주인은 장례식에서 "우리가 소년을 죽인 공범"이라며 마을 사람들의 욕망을 비난한다.

소년을 깔려 죽게 한 수레바퀴는 뭘까? 부와 권력을 약속하는 출세라는 욕망이다. 이 욕망은 수레바퀴처럼 쉴 틈 없이 숨 막히게 돌아가며 추월하고 추월당하는 치열한 경쟁에 모두를 끌어들인다. 마치 윤회의 수레바퀴처럼 부와 권력을 향한 욕망은 사라지고 생겨나기를 거듭하며 지칠 줄 모르고 시작도 끝도 없이 영원하다.

그 커다란 수레바퀴에 깔려 죽은 소년이 진정으로 원했던 욕망은 뭘까? 토끼를 기르고 싶고, 낚시를 하고 싶고, 산책을 하고 싶고, 또래 친구들과 어울려 놀고 싶은 일상의 작디작은 욕망들이다. 이 다양한 일상의 욕망들이야말로 소년이 진정으로 원하는 본래의 욕망들이며 소년의 삶을 행복하고 풍요롭게 만들어주는 고유한 욕망들이다. 이 욕망들은 수레바퀴처럼 쉴 틈 없이 숨 막힐 듯 돌아가며 추월하고 추월당하는 치열한 경쟁을 하지 않는다. 이 생기발랄한 욕망들이 부와 권력을 향한 욕망이라는 거대한 수레바퀴 아래 깔려 질식해 죽은 것이다.

BTS는 인간적인, 너무나 인간적인 고유한 욕망들을 포기하라는 비열한 세상의 명령을 거부하라고 노래한다. 연애와 결혼과 출산을 포기한 3포 세대, 집과 인간관계마저 포기한 5포 세대, 꿈과 희망마저 포기한 7포 세대, 그것을 넘어 온갖 욕망들을 포기한 N포 세대에게 포기를 거부하라고 소리친다. 청춘이야말로 그 거대한 수레바퀴에 맞서 싸울 수 있는 '쩌는' 전사들이니까.

포기한다는 것이야말로 그 수레바퀴에서 내려오는 것, 부와 권력을 향한 욕망을 내려놓는 것이 아니냐고 되물을 수도 있다. 하지만 비열한 세상이 명령하고 부추기는 포기는 그런 포기가 아니다. 인간적인, 너무나 인간적인 고유한 욕망들을 포기하길 부추기며, 어쩔 수 없이 부와 권력을 향한 욕망을 덮어두거나 억누르길 부추긴다. 덮어두거나 억누르는 포기는 여전히 그 욕망에 포획되어 있다는 점에서 탐욕과 동전의 양면이다. 도저히 가질 수 없을 듯한 욕망을 마주했을 때 우리는 두 가지 방식으로 반응한다. 더욱더 열심히 '노오력'하거나 포기하거나. 하지만 어쩔 수 없어서 하는 포기는 진정한 포기가 아니다.

요즘 좋은 직장에 취직하기란 하늘의 별 따기만큼 어렵다. 그래서 청춘들은 영혼까지 끌어내 '노오력'하거나 여러 번의 시도 끝에 결국 포기한다. 그런데 인천공항의 비정규직을 정규직으로 바꾸겠다고 하자 수많은 청춘이 분노했다. 포기했다고 말하지만, 실제로는 포기하지 않고 어쩔 수 없이 욕망을 덮어두거나 억누르고 있었던 것이다. 도저히 실현할 수 없는 욕망을 거저 실현해주다니, 그럼 포기한 나는 뭐냐는 생각에 억울한 것이다. 덮어두거나 억누르고 있었던 욕망이 불쑥 다시 솟아난 것이다.

그런 포기는 자살과 비슷하다. 자살은 죽음을 욕망하는 것이다. 삶을 욕망하는 것과는 완전히 모순된 듯 보인다. 그러나 사실 둘은 하나일 수 있다. 자본주의사회에서 일어나는 수많은 자살은 살고자 하는 욕망이 극단적으로 드러난 결과일 수 있다. 자살이라는 행위는 사실 죽음을 선택하는 것이 아니라 살고자 하는 욕망을 선택하는 것일 수 있다. 자살하는 사람은 원하는 것을 갖지 못해 무소유를 받아들여 자살하는 것이 아니다. 자살은 삶에 대한 가장 극단적인 포기인 동시에 가장 극단적인 욕망이다.

자본주의사회에서 모든 욕망은 돈에 대한 욕망으로 수렴된다. 우리는 욕망을 돈으로만 쏠리게 만들어 다른 것을 욕망하지 못하게 하는 억압적 상황에 쉽게 순응하고 "예yes"라고 말한다. 하지만 BTS는 청춘들에게 말한다. "예"라고 말하지 마. 절대 포기하지 마. 비열한 세상의 명령을 거부해. 돈의 욕망에 쩔어 인간적인, 너무나 인간적인 욕망을 포기하지 마. 생기발랄한 자기만의 욕망을 욕망해. "쩔어!"라는 말이 나올 정도로.

절대 마 포기 you know you not lonely

너와 내 새벽은 낮보다 예뻐 (…)

잠든 청춘을 깨워 go

내 스타일로 내 내 내 내 스타일로 Eh oh

밤새 일했지 everyday (…)

I don't wanna say yes

_BTS, 〈쩔어〉

'쩔어'와 리좀의 철학

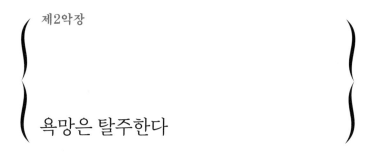

욕망은 탈주한다

BTS의 노래 〈쩔어〉에 담긴 돈을 향한 욕망처럼 획일화된 지배적 욕망에 대한 비판을 잘 보여주는 철학은 질 들뢰즈 Gilles Deleuze의 리좀Rhyzome[3]의 철학이다. 들뢰즈는 《천 개의 고원》에서 이렇게 말한다.

리좀[같은 욕망]은 [획일화된 지배적 욕망과 달리] 시작도 끝도 없다. 리좀[같은 욕망]은 늘 중간에 있으며 [다른 욕망들과 끊임없이 연결되어 거침없이 뻗어가는] 사물들 사이에 있는 '사이' 존재이자 간주곡이다.

_들뢰즈·가타리, 《천 개의 고원》[4]

리좀 같은 욕망도 기본적으로 욕망이다. 따라서 들뢰즈의 리좀 철학은 기본적으로 욕망의 철학이다. 라캉의 욕망의 철학과 어떤 차이가 있을까? 라캉의 욕망은 결핍을 채우는 소극적이고 수동적인 것이라면 들뢰즈의 욕망은 생산하는 적극적이고 능동적인 것이다. 라캉의 욕망은 인간이라는 주체가 있는 인격적 욕망이라면 들뢰즈의 욕망은 주체가 없는, 인간을 넘어 무생물도 가질 수 있는 비인격적 욕망이다. 들뢰즈의 욕망은 의식적 욕망이라기보다 무의식적 성향에 가깝다. 우주 전체가 욕망을 가지고 있다.

들뢰즈의 욕망은 기본적으로 생산하는 힘, 에너지이기 때문에 혁명적이다. 틀에 갇히는 것을 싫어해 밖으로 탈주하려고 한다. 들뢰즈의 욕망은 끊임없이 떠돌고 유랑하기에 유목민적nomad 특성을 띤다. 방향도 한곳이 아니라 어디로 튈지 모르게 사방으로 흩어진다. 사방으로 튀며 무엇인가와 연결되려고 한다. 라캉의 욕망은 욕망하는 대상이 분명하지만 들뢰즈의 욕망 방정식에는 대상 x가 비어 있다. 이 자리에 끊임없이 새로운, 무한한 대상이 들어올 수 있다.

들뢰즈의 욕망, 리좀 같은 욕망을 이해하려면 나무와 리좀의 차이를 아는 것이 중요하다. 나무는 다른 나무와 철저히 분리된 개체다. 다른 나무는 경쟁자다. 리좀은 버섯같이 줄기가 뿌리처럼 땅속으로 뻗어나가는 땅속줄기 식물이다. 땅 위에서 보면 각각 다른 생명체처럼 보이지만, 땅 밑에서는 서로 연결되어 있다. 들뢰즈의 욕망은 나무같이 따로따로 존재해 서로 경쟁하는 것이 아니라 리좀같이 따로 또 같이 연결되어 있다.

리좀은 생산하고자 하는 성향, 곧 욕망은 있지만 누군가의 욕망이라고 할 수 없다. 생산하는 주체가 따로 있는 것이 아니다. 이렇게 주체가 없이 체계의 요소들이 서로 협력해 스스로를 생산하는 것을 '자기생산autopoiesis'이라고 한다. 들뢰즈의 리좀 같은 욕망은 주체 없이 연결된 것들이 서로 협력해 다양하고 무한한 욕망을 자기생산한다.

들뢰즈의 생산하는 성향으로서의 욕망은 역동적인 세계관으로 확장된다. 세계는 정태적인 존재자들로 이루어진 것이 아니라 역동적인 사건들로 이루어져 있다. 존재자는 존재를 생산하는 사건을 통해서만 존재한다. 예를 들어 나무는 물을 먹고 햇빛을 받아 생명을 생산하는 사건을 통해서만 존재한다. 생명을 생산하는 사건이 없으면 나무는 존재할 수 없다. 정확히 말하면 나무가 존재하는 것이 아니라 생명을 생산하는 사건이 존재한다. 나무는 그 사건이 일어나는 공간일 뿐이다. 세계는 사건이 일어나는 운동장이다. 사건은 일어날 때마다 운동장에 흔적을 남긴다. 들뢰즈는 이를 '사건 주름'이라 부른다.

특정한 사건이 다른 사건들을 압도할 만큼 지배적이어서 주름이 깊이 파이면 운동장이 나뉘어 다른 사건들이 넘어 들어올 수 없는 자기만의 영토가 된다. 이렇게 되면 새로운 사건이 일어날 수 없어 정체되고, 생산하는 역동적 성향이 사라진다. 세계의 생산하고자 하는 욕망이 거세되고 무기력해진다. 그래서 해보기도 전에 벌써부터 고개를 숙인다.

시대를 반역하는 오이디푸스
주름을 펴고 천 개의 고원을 달리다

들뢰즈는 《앙티 오이디푸스》에서 펠릭스 가타리Félix Guattari와 함께 이러한 욕망과 세계에 대한 이해를 바탕으로 자본주의사회를 분석한다.[5] 자본주의사회에서 오이디푸스는 현대인이며 오이디푸스의 아버지는 자본주의다. 자본주의는 어머니를 향한 오이디푸스의 원초적 욕망을 금지한다. 그래서 자본주의사회에서 현대인은 오이디푸스 콤플렉스에 사로잡혀 있다. 자본주의가 욕망을 금지한다는 것이 무슨 뜻일까? 자본주의야말로 욕망을 먹고 사는 존재 아닌가?

들뢰즈는 자본주의가 이중적 성격을 지니고 있다고 진단한다. 자본주의는 욕망의 운동장에서 분열증과 편집증 사이를 오간다. 자본주의의 분열증은 다른 욕망을 금지하는 영토화된 지배적 욕망을 무너뜨리는 탈영토화 역할을 한다. 자본주의는 욕망을 제한하고 금지하는 것을 무너뜨린다. 무엇이든 욕망하라고 부추긴다. 자본주의는 신분 낮은 사람이 높은 지위를 차지하려는 욕망이나 여성이 정치에 참여하려는 욕망, 자유롭게 연애를 하려는 욕망을 가로막으려는 전근대적인 지배적 욕망을 사정없이 무너뜨린다. 자본주의는 외친다. "욕망을 자유롭게 하라!" "욕망을 해방하라!"

한편 자본주의의 편집증은 돈에 대한 욕망에 집착해 지배적인 영토를 만들고 다른 욕망이 넘어 들어오지 못하게 금지하는 영토화 역할을 한다. 자본주의는 돈에 대한 욕망에 집착해 욕망의 들판에 깊은 주름을 만든다. 욕망의 들판에는 원래

'쩔어'와 리좀의 철학

따로 정해진 길이 없다. 욕망의 강물은 어디든 마음대로 뻗어 나갈 수 있다. 이것이 리좀 같은 원초적 욕망의 본성이다. 하지만 욕망의 들판에 깊은 골짜기가 생기면 그곳에 갇혀 그곳으로만 흐른다. 다른 곳으로 갈 생각조차 하지 못한다. 사랑에 대한 욕망도 돈의 욕망에 종속된다. 사랑이 돈을 버는 수단이 된다. 심지어 노동자계급의 해방이라는 욕망조차 돈의 욕망에 종속된다. 노동자들은 돈을 많이 벌면 해방될 것이라 믿는다. 자본주의는 돈의 욕망을 제외한 모든 리좀 같은 원초적 욕망을 억압하고 금지한다. 자본주의는 외친다. "돈의 욕망을 자유롭게 하라!" "돈의 욕망을 해방하라!" 하지만 우리는 듣는다. 돈의 욕망이 아닌 "모든 욕망을 금지한다!"로. 오이디푸스 콤플렉스다.

우리는 이러한 오이디푸스 콤플렉스에서 해방될 수 있을까? 들뢰즈는 인간의 본성에서 희망의 열쇠를 찾는다. 그에 따르면 인간은 본래 요새화된 영토를 무너뜨리는 전사이며 금지된 새로운 사건을 일으키는 혁명가다. 인간은 그 시대를 지배하는 것을 뒤집고 무너뜨리려는 혁명적 욕망을 지니고 있다. 그래서 들뢰즈는 인간을 반시대적 전쟁 기계라고 한다. 우리는 이러한 인간의 본성을 억누르는 세 가지 차원의 억압에서 욕망을 해방시켜야 한다. 나라는 주체의 억압, 가족이라는 억압, 자본주의 체제라는 억압에서 벗어나야 한다. 야생마 같은 욕망을 제한하거나 금지하는 나, 가족, 자본주의의 폭력적 지배에 결연히 맞서야 한다. 깊이 파인 주름을 펴서 욕망의 들판을 평편하게 만들 때 리좀 같은 원초적 욕망이 본성대로 사방으로 자유롭게 뻗어나간다. 그러면 우리 욕망은 무엇을, 어떻게 욕망할지 종잡을 수 없을 정도로 자유로워진다. 잠든 욕망을 깨우자. 너와 나의 새벽은 낮보다 예쁘다.

리좀[같은 욕망]은 '…와 …와 …'라는 이음말로 이루어져 있다. 이 이음말 속에는 '…[획일화된 지배적 욕망]이 존재한다'는 동사에 충격을 주고 뿌리를 뽑을 수 있는 힘이 꽉 차 있다.

_들뢰즈·가타리,《천 개의 고원》

쩔어 vs 앙티 오이디푸스

BTS는 "예"라고 말하기를 원하지 않는다. 왜일까? 포기하라는 명령에 굴복하기 싫어서다. BTS에게 "예"라고 말하기를 원하지 않는 '쩌는' 삶은 어떤 것일까? 내 스타일대로 노래를 부르고 땀내를 풍기며 밤새 연습하고, 포기하라는 명령에 맞서 머리부터 발끝까지 온 힘을 다하고, 몸이 타버릴 정도로 밤새 놀아보는 삶이다. 새벽은 낮보다 예쁘다는 희망을 가지고 잠든 청춘을 깨우며 자신만의 다양한 욕망을 추구하는, 자유롭고 창조적이며 다채롭고 즐거운 삶이다.

들뢰즈는 욕망을 억압하는 나, 가족, 자본주의 체제로부터 욕망을 해방하라고 한다. 왜일까? 욕망은 본래 사방으로 탈주하는 성향을 지니고 있어서다. 들뢰즈에게 욕망을 오이디푸스 콤플렉스에 가두는 자본주의 체제에서 벗어난 삶은 어떤 것일까? 돈에 대한 욕망에 지배되지 않고 맞서 자신만의 다양한 욕망을 추구하며 주어진 틀을 깨뜨리고 밖으로 탈주하는 삶이다. 끊임없이 떠돌고 유랑하며 어디로 튈지 모르게 사방으로 흩어져, 무엇인가와 연결되면서 끊임없이 새로운 대상을 욕망하며 즐기는, 자유롭고 창조적이며 다채롭고 즐거운 삶이다.

혹 떼려다 혹 붙인
오이디푸스의 슬픈 노래

옛날 옛적 목에 혹이 달린 혹부리 영감이 산에 나무를 하러 갔다. 열심히 나무를 하다 보니 어느새 날이 어두워졌다. 집으로 돌아오다가 빈집을 발견한 노인은 자고 가려고 안으로 들어갔다. 심심해서 노래를 불렀는데, 주위에 있던 도깨비들이 그 노래를 듣고 찾아왔다. 도깨비들은 아름다운 노래가 어디서 나오는지 물었다. 노인은 목에 달린 혹에서 나온다고 대답했다. 도깨비들은 금은보화를 주고 혹을 떼어 갔다. 노인은 혹도 떼고 금은보화도 얻어 행복하게 살았다. 이웃에 살던 다른 혹부리 영감이 그 소문을 듣고 욕심이 나서 그 빈집을 찾아갔다. 밤이 되어 영감이 노래를 부르니 도깨비들이 나타났다. 도깨비들은 그 노래가 어디서 나오는지 물었다. 영감은 혹에서 나온다고 대답했다. 도깨비들은 한 번 속지 두 번은 속지 않는다며 다른 쪽에 혹을 하나 더 붙이고 영감을 쫓아냈다.[6]

혹부리 영감 이야기다. 재치를 통해 탐욕을 꾸짖는 이야기다. 희극과 비극으로 엇갈린 두 노인의 차이는 무엇일까? 단지 앞서고 뒤서는 순서의 차이가 아니라 물질에 대한 욕망

       '쩔어'와 리좀의 철학

에 사로잡힌 정도의 차이가 희극과 비극의 차이를 낳았다. 첫 번째 노인은 아름다운 노래가 혹에서 나온다는 재치 있는 답을 생각해낼 정도로 여유롭고 자유로우며 창조적이고 다채로운 즐거운 삶을 살았다. 반면 두 번째 노인은 자본주의 욕망의 골짜기에 갇힌 오이디푸스처럼 압도하는 물질에 대한 욕망에 깊이 사로잡혀 혹을, 그리고 노래마저 그저 물질에 대한 욕망을 채우는 수단으로 삼았다. 눈 옆을 가리고 앞만 보고 질주하는 경주마처럼 지배적인 욕망의 골짜기에 깊이 사로잡힐수록 사방으로 탈주하려는 다양한 욕망이 억압되니까.

누구나 살다 보면 물질에 대한 압도적인 욕망에 사로잡힐 수 있다. 하지만 물질에 대한 욕망의 골짜기에 깊이 사로잡힌 사람에겐 자유롭고 창조적이며 다채롭고 즐거운 삶은 없다. 내 스타일대로 노래를 부르고 땀내를 풍기며 밤새 연습하고, 포기하라는 명령에 맞서 머리부터 발끝까지 온 힘을 다하며, 몸이 타버릴 정도로 밤새 놀아보는 삶은 없다. 새벽은 낮보다 예쁘다는 희망을 가지고 잠든 청춘을 깨우며 매일매일 열심히 자신만의 다양한 욕망을 추구하는, 자유롭고 창조적이며 다채롭고 즐거운 삶은.

|

어서 와 방탄은 처음이지?

Ayo ladies & gentleman
준비가 됐다면 부를게 yeah[7]

.

.

.

.

.

.

.

리좀 스타일로!

'쩔어'와 리좀의 철학

자유는 사방으로 뻗어나가는 탈주다
물질에 대한 욕망에 깊이 사로잡힌 이에겐
내 스타일대로 다양한 욕망을 추구하는 삶은 없다

◆

BTS vs 보드리야르

'등골브레이커'와
시뮬라시옹의 철학

Philosophy

Freedom

Dancing

Being

Wake up

Uniqueness

Love Myself

| 등골브레이커

수십짜리 신발에 또 수백짜리 패딩
수십짜리 시계에 또 으스대지 괜히
교육은 산으로 가고 학생도 산으로 가
21세기 계급은 반으로 딱 나눠져
있는 자와 없는 자
신은 자와 없는 자
입은 자와 벗는 자
또 기를 써서 얻는 자

이게 뭔 일이니 유행에서 넌 밀리니?
떼를 쓰고 애를 써서 얻어냈지, 찔리지?
가득 찬 패딩마냥 욕심이 계속 차
휘어지는 부모 등골을 봐도 넌 매몰차
친구는 다 있다고 졸라대니 안 사줄 수도 없다고
(Ayo baby) 철딱서니 없게 굴지 말어
그깟 패딩 안 입는다고 얼어 죽진 않어
패딩 안에 거위털을 채우기 전에
니 머릿속 개념을 채우길, 늦기 전에

Wow 기분 좋아 걸쳐보는 너의 dirty clothes
넌 뭔가 다른 rockin, rollin, swaggin, swagger, wrong!
도대체 왜 이래 미쳤어 baby
그게 너의 맘을 조여버릴 거야, dirty clothes

(La la la la la la la la la)
니가 바로 등골브레이커
(La la la la la la la la la)
부모님의 등골브레이커
(La la la la la la la la la)

언젠가는 후회하게 될걸
(La la la la la la la la)
빌어먹을 등골브레이커

왜 불러 kid? 너넨 요즘 참 배불렀지
남의 인생 참견이 좀 주제넘지
속 빈 강정뿐인 말들을 왜 계속해
내가 받은 돈 내가 쓰겠다는데
5천만의 취향을 다 니들처럼 맞춰야
만족할 사람들이지 제발 너나 잘 사셔
니 인생 말이여, 니가 나면 말 안 하겠어

그래 내 패딩 더럽게 비싸고 더럽게 안 예뻐
(But I say) 너무 갖고 싶은데 어떡해
나보다 못사는 친구들도 다 가졌는데
(And I say) 은따 되기 싫음 살 수밖에
이 나이 때쯤이면 원래 다들 좀 그러잖니
Yeah I dunno, yes I'm loco, is it no-no?
I know they ain't cheap but they got mojos
But 난 내 할 일은 잘해 부모님 등골 안 부셔
진짜 브레이커는 나이 먹고 아직도 방구석인 너

Wow 기분 좋아 걸쳐보는 너의 dirty clothes
넌 뭔가 다른 rockin, rollin, swaggin, swagger, wrong
도대체 왜 이래 미쳤어 baby
그게 너의 맘을 조여버릴 거야 dirty clothes

너도 dirty clothes 나도 dirty clothes
누구나 겪어봤겠지 입고 거리로
나가보면 어깨 힘 빡 들어가고
나보다 작아 보이지 like 걸리버
뭘 입어도 이해해, 근데 넌 너무 배가 부른 상태
체해, 후회해
넌 계속 swag해, 허나 부모 맘은 배제해?

그래 말리진 않을게 이제 맘을 정해

Wow 기분 좋아 걸쳐보는 너의 dirty clothes
넌 뭔가 다른 rockin, rollin, swaggin, swagger, wrong!
도대체 왜 이래 미쳤어 baby
그게 너의 맘을 조여버릴 거야 dirty clothes

(La la la la la la la la la)
니가 바로 등골브레이커
(La la la la la la la la la)
부모님의 등골브레이커
(La la la la la la la la la)
언젠가는 후회하게 될걸
(La la la la la la la la la)
빌어먹을 등골브레이커

작사 Supreme Boi, RM, 제이홉, 슈가, Pdogg, Slow Rabbit, 윤석원, 송창식
작곡 Supreme Boi, RM, 슈가, Pdogg, Slow Rabbit, 윤석원, 송창식
노래 BTS

수십짜리 신발에 또 수백짜리 패딩

〈등골브레이커〉의 핵심 노랫말은 "수십짜리 신발에 또 수백짜리 패딩"이다. 〈등골브레이커〉는 으스대는 이미지에 대한 욕망을 비판하는 노래다. 수십짜리 신발에 또 수백짜리 패딩에 수십짜리 시계에 으스댄다. 모두 기를 쓰고 있는 자처럼 보이고 싶어 한다. 패딩 안에 거위털을 채우기 전에 네 머릿속 개념을 채우길 바란다. 네가 바로 부모님의 등골브레이커다. 으스대는 이미지라는 열쇠 말로 노랫말을 풀어보자.

우리는 수십짜리 신발에 또 수백짜리 패딩에 수십짜리 시계에 으스댄다. 21세기 계급은 있는 자와 없는 자, 신은 자와 없는 자, 입은 자와 벗은 자 반으로 나누어져 있다. 그래서 우리 모두 기를 써서 얻는 자가 되고 싶어 한다. 으스대로 싶으니까.

유행에서 밀리지 않으려 떼를 쓰고 애를 써서 얻어내려

한다. 우리는 가득 찬 패딩처럼 욕심이 계속 차고 친구는 다 있다고 졸라대니 안 사줄 수도 없어 부모 등골은 휘어지고 부러진다. 그래도 기를 써서 얻어내려 한다. 으스대고 싶으니까.

누구나 겪어봤을 것이다. 패딩을 입고 거리로 나가보면 어깨에 힘이 들어가고 모두가 나보다 작아 보이는 것을. 소인국의 걸리버처럼. 그래서 기를 써서 입으려 한다. 으스대로 싶으니까. 하지만 그깟 패딩 안 입는다고 얼어 죽진 않는다. 패딩 안에 거위털을 채우기 전에 네 머릿속 개념을 채우길 바란다, 늦기 전에. 네가 바로 부모의 등골브레이커다.

〈등골브레이커〉는 학교 3부작을 완성하는 마지막 앨범 《Skool Luv Affair》에 실린 노래다. 학교 1부작과 2부작에 해당하는 앨범 《2 Cool 4 Skool》과 《O!RUL8,2?》가 "꿈도 없이 살아가는 학생들, 천편일률적인 사고를 강요하는 학교"를 비판하고 바람직한 "청소년의 꿈과 행복"에 대해 노래했다면, 앨범 《Skool Luv Affair》는 "학교에서 몽글몽글 피어나는 10대들의 사랑"을 노래한다.[1]

앨범 속 노래가 주로 이성에 대한 사랑과 관련된 'Skool Luv Affair'를 노래한다면, 〈등골브레이커〉는 패딩 같은 물건에 대한 사랑과 관련된 'Skool Luv Affair'를 비판한다. 청소년들은 사실 따뜻한 패딩 자체를 사랑하기보다는 거기에 담긴 으스댈 수 있는 가상의 이미지를 사랑하는 것이다. 이 노래의 주제를 잘 보여주는 영화가 있다. 워쇼스키 자매의 영화 〈매트릭스The Matrix〉다.[2] 이 영화를 바탕으로 BTS가 노래 〈등골브레이커〉로 전하고자 하는 메시지를 살펴보자.

유혹하는 멋진 신세계, 매트릭스
: 빨간 약 줄까, 파란 약 줄까

네오는 가상 세계인 매트릭스에서 살고 있다. 그는 자신이 사는 세계가 무엇인가 잘못되어 있다고 의심해 진실을 좇는다. 그러던 가운데 그는 가상 세계 밖에서 온 사람들에게 자신이 사는 세계가 가상 세계라는 진실을 듣게 된다. 그는 거짓되지만 멋진 가상 세계에 남을지, 진실되지만 볼품없는 바깥 세상으로 나갈지 선택해야 한다. 가상 세계 밖의 지도자 모피어스는 네오에게 가상 세계 밖으로 나가도록 해주는 빨간 약과 가상 세계에 남게 해주는 파란 약을 건네면서 선택을 요구한다.

네오는 고민 끝에 빨간 약을 먹고 가상 세계 밖으로 나온다. 그는 가상 세계에 있는 사람들을 구하기 위해 가상 세계 밖 사람들과 함께 목숨을 걸고 싸운다. 네오는 가상 세계 밖 사람들이 찾던 메시아, 구원자다. 그래서 그들은 가상 세계 속 사람들을 구원하기 위해 네오를 구출해낸 것이다. 네오는 온갖 어려움을 이겨내고 마침내 가상 세계 속 사람들을 구원한다. 하지만 이 모든 구원 프로젝트는 사실 매트릭스 설계자의 설계일 뿐이었다. 가상 세계를 더욱 완전하게 만들기 위해 돌려본 시뮬레이션이었던 것이다.

자본주의사회에서 사람들은 이미지 세계에서 살아간다. 가상 세계에서 살고 있는 것이다. 사람들은 으스댈 수 있는 이미지를 욕망한다. 그래서 으스댈 수 있는 이미지를 상품으로 생산하고 유통하며 소비한다. 편안한 신발보다 으스댈 수 있는 나이키라는 이미지를, 따뜻한 패딩보다 으스댈 수 있는 노스페이스라는 이미지를, 정확한 시계보다 으스댈 수 있는 롤렉스라는 이미지를 욕망한다. 왜일까?

자본주의사회는 으스댈 수 있는 이미지에 대한 욕망을 먹고 살기 때문이다. 배고픈 사람이 단순히 배고픔을 달래려 상품을 산다면 자본주의는 이미 파산했을 것이다. 지금의 생산력으로는 120억 명이 쓰고도 남는 상품을 만들 수 있기 때문이다. 먹고사는 데 필요한 상품만 욕망한다면 더 이상 상품을 생산할 필요가 없다. 팔리지 않는 상품을 생산하는 바보는 없다.

팔리지 않는 상품이 쌓이면서 나타나는 것이 바로 공황이다. 자본주의가 공황에 빠지지 않기 위해 고안한 천재적인 방법이 바로 갈라치기다. 자본주의는 BTS가 말하듯 있는 자와 없는 자, 신은 자와 없는 자, 입은 자와 벗은 자로 나누어 사람들로 하여금 있는 자, 신은 자, 입은 자를 욕망하게 만든다. 없는 자는 있는 자의 이미지를, 있는 자는 더 있는 자의 이미지를, 한마디로 으스댈 수 있는 이미지를 욕망하게 만든다. 그래서 자본주의사회는 으스댈 수 있는 이미지에 대한 욕망을 생산하고 유통하고 소비한다.

물론 BTS도 청소년들이 그런 으스댈 수 있는 이미지를 사랑하는 것을 이해한다. 누구든 유행에서 밀리지 않고 싶고, 나보다 못사는 친구들도 다 가졌는데 은따 되기 싫음 살 수밖에 없고, 누구나 겪어봤듯 입고 거리로 나가보면 어깨 힘 빡 들어가고 모두 나보다 작아 보여, 가득 찬 패딩마냥 욕심이 계속 차올라 휘어지는 부모 등골을 봐도 매몰차게 된다는 걸 잘 안다. 그럼에도 BTS는 이러한 으스댈 수 있는 이미지에 대한 지나친 사랑 때문에 빚어지는 'Skool Luv Affair'가 낳을 수 있는 비극을 경고한다.

수십짜리 신발에 또 수백짜리 패딩, 수십짜리 시계를 가지고 괜히 으스대면, 교육은 산으로 가고 학생도 산으로 가고 부모는 등골이 부러진다고 BTS는 경고한다. 우리가 살아가는 21세기 세상이 있는 자와 없는 자, 신은 자와 없는 자, 입은 자와 벗은 자로 딱 나뉘어 서로를 구별하고 차별하며 밟고 올라서려고 다투는 아수라장이 될 것이라고 BTS는 경고한다. 철딱서니 없게 굴지 말어. 그깟 패딩 안 입는다고 얼어 죽진 않어. 패딩 안에 거위털을 채우기 전에 네 머릿속 개념을 채워. 늦기 전에! 그런데 으스댈 수 있는 이미지를 욕망하는 게 청소년뿐일까? 부모는 다를까? 그들도 벤츠, 포르쉐의 이미지를 욕망한다. 그들도 스스로 자신의 등골을 휘게 하고 부러뜨리고 있지 않은가.

청소년이든 그 부모든 으스댈 수 있는 이미지에 대한 한계를 모르는 욕망 때문에 편안한 신발, 따뜻한 패딩, 정확한 시계를 가지고 있어도 나이키, 노스페이스, 롤렉스라는 이미지를 욕망한다. 이 거짓된 욕망의 수레바퀴 속에서 살다 보면 나만의 고유하고 진실한 욕망을 잃는다. 우리는 이제 〈매트릭스〉의 주인공 네오처럼 거짓되지만 멋진 가상 세계에 남을지 진실하지만 볼품없는 가상 세계 밖으로 나갈지 선택해야 한다.

|
뭘 입어도 이해해
근데 넌 너무 배가 부른 상태
체해, 후회해

넌 계속 swag해,(…)
그래 말리진 않을게
이제 맘을 정해
_BTS, 〈등골브레이커〉

상품이 아니라 기호를 소비한다

BTS의 노래 〈등골브레이커〉에 담긴 구별 짓기 욕망에 대한 비판을 잘 보여주는 철학은 장 보드리야르Jean Baudrillard의 시뮬라시옹의 철학이다. 보드리야르는 《소비의 사회》에서 이렇게 말한다.

> 사물은 기호라는 가치도 가진다. [자동차]는 도구로뿐만 아니라 행복이나 위세를 드러내는 기호로도 쓰인다. [우리는 이 기호를 소비한다.]
> _보드리야르, 《소비의 사회》**3**

보드리야르는 "상품이 아니라 기호를 소비한다"고 말한다. 청소년들은 사실 패딩 그 자체를 원하는 게 아니라 '노스페이스'라는 기호를 원한다. 기호가 만들어지고 생산되며 유통되고 소비되는 과정을 '시뮬라시옹'이라고 한다. 시뮬라시옹 과정에서 '기호'는 차이를 본질로 삼는다. 〈등골브레이커〉의 노랫말 "있는 자와 없는 자, 신은 자와 없는 자, 입은 자와 벗는 자"는 그 차이를 잘 보여준다. "누구나 겪어봤겠지 입고 거리로 나가보면 어깨 힘 빡 들어가고 나보다 작아 보이지"라는 노랫말도 청소년들이 패딩을 입기보다는 으스대는 이미지나 밀리지 않는 이미지를 입는다는 것을 잘 보여준다. 보드리야르의 말로 이미지는 곧 기호다.

보드리야르는 구조주의 전통을 계승하고 발전시켰다. 구조주의는 소쉬르의 구조주의 언어학에서 출발했다. 구조주의 언어학을 이해하려면 당연히 언어가 무엇인지 알아야 한다. 언어는 기호 표현과 기호 내용으로 이루어져 있다. 예를 들어 '책상'이라는 기호 표현과 거기 담겨 있는 의미라는 기호 내용으로 언어가 구성된다. 전통 언어학에서 책상이라는 기호 표현의 내용, 곧 의미는 기호가 가리키는 대상이다. 이 대상은 기호 표현 체계 밖에 있다. '책상'이라는 기호 표현의 의미는 그 표현이 가리키는 책상이라는 개념을 뜻하거나 눈으로 보고 만질 수 있는 바로 그것이라고 여긴다. 전통적인 언어학은 언어를 이원론적으로 해석해 기호 표현의 의미는 기호 표현의 세계 밖에 있는 또 다른 세계에 속한다고 보았다.

구조주의 언어학은 기호 밖 세계를 인정하지 않는다. 기호 표현의 의미는 기호 표현 세계 밖이 아니라 안에 있다. 기호 표현의 의미는 기호 표현의 관계 속에 위치한다. 다른 말로 하면 기호 표현 체계의 구조에서 그 기호 표현이 어디에 위치하느냐가 바로 그 기호 표현의 의미다. 한마디로 구조 속 좌표가 그 의미다. 예를 들어 '책상'이라는 기호 표현의 의미는 다른 기호 표현과의 관계를 통해, 더 정확히 말하면 다른 기호 표현과의 차이를 통해 주어진다. 책상이라는 기호 표현의 의미는 '의자'나 '밥상'이 아닌 것이다. 그 의미는 마치 블랙홀 같다. 블랙홀 자체는 눈에 보이지 않지만 블랙홀이 아닌, 블랙홀로 빨려 들어가는 보이는 것을 통해 블랙홀의 모양이 드러난다. 마찬가지로 기호 표현의 의미는 그것이 아닌 것과의 차이를 통해 드러난다.

　구조주의 사회학은 구조주의 언어학을 사회현상에 응용한 것이다. 언어의 의미를 분석하듯 사회 속 사물의 의미나 가치를 분석한다. 사회 속 사물의 의미는 가치로 나타난다. 사회 속 사물의 가치는 무엇보다 '사용가치'와 '교환가치'로 나눌 수 있다. 만약 포르쉐라는 사물이 있다면 그것의 사용가치는 빠르다는 것이다. 자동차의 기능적 유용성, '쓸모'가 사용가치다. 포르쉐의 교환가치는 2억이다. 교환가치에서 포르쉐가 빠르다는 점은 아무 상관없다. 중요한 것은 비싼 가격이다. 누군가가 포르쉐를 샀는데 "그거 정말 빨라?"라고 물으면 사용가치, "그거 얼마짜리야?"라고 물으면 교환가치를 묻는 것이다. 더 나아가 교환가치는 경제적 교환가치뿐만 아니라 상징적 교환가치도 지닐 수 있다. 상징적 교환가치의 대표적인 예는 선물이다. 누군가가 포르쉐를 선물한다면 우리는 "이거 무슨 의미야?"라고 물을 것이다. 포르쉐라는 선물이 '사랑'이라는 의미나 상징을 담고 있다면 포르쉐의 상징적 교환가치는 '사랑'이다.

보드리야르는 여기에 기호라는 가치를 덧붙인다. 현대 자본주의사회에서 더 중요한 것은 기호라는 가치라고 말한다. 보드리야르는 구조주의 언어학에서 기호 표현의 의미가 결정되는 방식을 응용한다. 포르쉐가 기호로서 지니는 가치는 '아반떼'가 아닌 것이며, '그랜저'나 '벤츠'가 아닌 것이다. 다른 자동차와의 차이가 포르쉐에 매겨지는 기호로서의 가치다. 사물이라는 기호 표현의 의미는 사물 자체의 성질이나 기능이 아니다. 사물의 관계나 구조에서 그것이 어떤 위치를 차지하느냐가 바로 사물의 의미나 가치다. 즉 다른 사물들과의 차이가 바로 사물이 지닌 의미나 가치다. 이게 바로 부모 등골을 부러뜨리는 수십짜리 신발과 수백짜리 패딩, 수십짜리 시계가 지닌 의미나 가치다.

사물은 사용의 논리, 교환의 논리, 선물의 논리, 신분의 논리에 따라 각각 '도구' '상품' '상징' '기호'가 된다.

_보드리야르, 《기호의 정치경제학 비판》[4]

돈으로 살 수 없는 욕망

시뮬라크르 사이로 끝없이 미끄러지는 욕망

포르쉐를 사는 것은 단순히 빠른 자동차를 사는 행위가 아니다. 단순히 2억짜리 자동차를 사는 행위도 아니다. 보드리야르의 관점에서 포르쉐를 사는 것은 무엇보다 차이를 사는 행위다. 차이라는 기호를 사는 행위다. 차이라는 이미지나

브랜드를 사는 행위다. 그렇다면 현대 자본주의사회에서 우리는 왜 이런 차이라는 기호를 욕망할까?

보드리야르는 라캉의 욕망의 유동성이란 개념을 빌려 그 까닭을 설명한다. 욕망의 유동성이란 욕망이 억압되면 옆으로 빠져나가 대체 욕망을 찾아 끊임없이 이동하는 것을 뜻한다. 이를 '욕망의 미끄러짐 현상'이라고도 한다. 라캉에 따르면 성적 욕망이 억압되면 보석 같은 대체 욕망으로 옮겨 간다. 하지만 원래의 욕망이 아니므로 만족하지 못하고 자동차 같은 또 다른 대체물을 찾아 끊임없이 미끄러지며 옮겨 다닌다. 보드리야르는 라캉과 달리 자본주의사회에서 무엇보다 억압된 욕망은 성적 욕망이 아니라 나만의 개성이나 고유함이라는 욕망이라고 본다. 우리는 나만의 개성이나 고유함이라는 욕망이 억압될 때 대체 욕망으로 차이라는 기호를 욕망한다.

현대 자본주의사회에서 나만의 개성이나 고유함이라는 욕망이 억압되는 이유는 무엇일까? 현대 자본주의사회에서는 모든 것을 교환이나 대체 가능한 상품으로 여긴다. 모든 것을 돈으로 살 수 있다고 본다. 결국 인간도 돈으로 살 수 있고 교환이나 대체 가능한 상품으로 여긴다. 누구나 자신만의 개성이나 고유함을 추구한다면 인간을 교환이나 대체 가능한 상품으로 소비할 수 없기에 자본주의사회는 나만의 고유함을 억압한다.

물론 차이라는 기호에 대한 욕망이야말로 다른 사람과 다른 나만의 고유함을 추구하는 욕망이 아니냐고 물을 수 있다. 그러나 보드리야르는 그것이 속임수라고 말한다. 차이에 대한 욕망은 이미 주어진 차이 기호 체계 안에서 추구하는 것이기 때문이다. 이는 여전히 교환이나 대체 가능한 욕망이다. 나만의 개성이나 고유함에 대한 욕망은 주어진 차이 기호 체계 밖에서 나타나는 욕망이다. 기성복과 맞춤복의 차이를 보면 쉽게 알 수 있다. 차이라는 기호에 대한 욕망은 백화점에서 주어진 다양한 기성복 가운데 하나를 욕망하는 것과 같다. 반면 나만의 개성이나 고유함에 대한 욕망은 나만을 위한 맞춤복을 욕망하는 것과 같다. 맞춤복은 교환이나 대체가 불가능하다. 맞춤복에 대한 욕망이 내 몸에 옷을 맞추는 것이라면 기성복에 대한 욕망은 종류가 아무리 다양해도 결국 옷에 내 몸을 맞추는 것이다.

현대 자본주의사회에서 우리는 단순하게 재단된 욕망을 추구하기 때문에 소외감과 쓸쓸함을 느낀다. 욕망을 충족하지 못한 데서 비롯되는 공허함에 허우적거린다. 딱 들어맞지 않는 기성복 같은 가짜 욕망 때문에 불안하고 불만족한 히스테리 상태에 빠져 있다. 보드리야르는 나만의 고유함보다 차이라는 기호나 이미지를 욕망하는 현대 자본주의사회를 시뮬라크르simulacre의 사회라고 부른다. 이는 차이를 나타내는 기호나 이미지를 생산하고 유통하며 소비하는 시뮬라시옹이 만들어낸 사회다. 시뮬라시옹의 산물인 시뮬라크르로 가득 찬 사회다.

현대 자본주의사회는 상품이 아니라 차이를 나타내는 기호나 이미지로 가득 차 있다. 상품이 아니라 기호를 소비하는 사회다. 이러한 소비사회에서 차이라는 이미지는 원본인 상품에서 완전히 독립되어 원본보다 더 원본 같은, 더 실재 같은 하이퍼 실재가 된다. 이 하이퍼 실재들의 매트릭스에서 보드리야르는 우리에게 묻는다. 당신은 파란 약과 빨간 약 가운데 어느 쪽을 선택할 것인가? 차이를 나타내는 기호나 이미지를 욕망할 것인가, 아니면 대체 불가능한 나만의 고유함을 욕망할 것인가?

세계는 교환될 수 없는 것이다.

_보드리야르, 《암호》[5]

'등골브레이커'와 시뮬라시옹의 철학

패딩 vs 시뮬라시옹

　　BTS는 수백짜리 패딩을 원하지 않는다. 왜일까? 부모님 등골을 부러뜨리기 싫어서다. BTS에게 수백짜리 패딩을 원하지 않는 삶은 어떤 것일까? 기를 써서 얻으려 하지 않고, 유행에서 밀리지 않으려 떼쓰지 않는 삶, 친구는 다 있다고 졸라대 부모 등골을 부러뜨리지 않는 삶이다. 그깟 패딩 안 입는다고 얼어 죽진 않는다고 생각하고, 패딩 안에 거위털을 채우기 전에 머릿속에 개념을 채우는 나만의 고유한 자유롭고 개성 있는 삶이다.

　　보드리야르는 구별 짓기나 시뮬라시옹의 욕망에서 벗어나야 한다고 말한다. 왜일까? 교환이나 대체 불가능한 본래의 억압된 개성을 되찾을 수 있어서다. 보드리야르에게 구별 짓기나 시뮬라시옹의 욕망에서 벗어난 삶이란 어떤 것일까? 옷에 내 몸을 맞추지 않고 내 몸에 옷을 맞추는 삶, 딱 들어맞지 않는 기성복 같은 기호나 이미지에 대한 가짜 욕망 때문에 불안하고 불만족한 히스테리 상태에 빠지지 않는 삶이다. 교환이나 대체 불가능한 개성 있는 다양한 욕망을 추구하는 나만의 고유한 자유롭고 개성 있는 삶이다.

세상에서 누가 가장 예쁘니?

옛날 옛적 어느 나라에 아름다운 공주가 살았다. 눈처럼 하얗고 고와서 백설공주라 불렀다. 어느 날 왕비가 세상을 떠나자 왕은 새 왕비를 맞았다. 마음씨 나쁜 마녀였다. 새 왕비는 진실만 말하는 거울에 물었다. "거울아, 거울아, 이 세상에서 누가 가장 예쁘니?" 거울은 대답했다. "백설공주입니다." 마녀는 화가 나서 사냥꾼에게 백설공주를 숲속에 데려가 죽이라고 명령했다. 사냥꾼은 공주가 불쌍해서 죽이지 않고 버리고 온다. 버려진 공주는 숲속에서 일곱 난쟁이를 만나 행복하게 산다.

어느 날 왕비는 거울에게 또 물었다. "거울아, 거울아, 이 세상에서 누가 가장 예쁘니?" 거울은 대답했다. "백설공주입니다." 마녀는 화가 나서 늙은 사과 장수로 꾸미고 공주를 찾아가 독사과를 권한다. "세상에서 가장 예쁜 아가씨, 이 맛있는 사과를 한번 맛보세요." 공주는 사과를 한 입 베어 물자마자 쓰러져 깊은 잠에 빠진다. 난쟁이들은 슬퍼하며 공주를 유리관에 넣어둔다. 어느 날 숲을 지나던 이웃 나라 왕자가 아름다운 공주를 발견한다. 왕자는 공주에게 한눈에 반해 입을 맞춘다. 그러자 공주는 목에 걸려 있던 사과를 뱉어내고 눈을 뜬

다. 세상에서 가장 예쁜 공주는 왕자와 결혼해서 오래오래 행복하게 살았다.[6]

다행히 해피 엔딩이다. 하지만 온갖 비극을 겪고 나서야 힘겹게 얻은 행복이다. 이 모든 비극의 원천은 왕비의 물음이었다. "거울아, 거울아, 이 세상에서 누가 가장 예쁘니?" '가장'이란 말만큼 가혹한 말은 없다. '가장'은 두 명을 허용하지 않는다. 최후의 승자는 반드시 한 명이어야 한다. 이 '가장'이란 말에서 모든 비극이 탄생한다. 온갖 구별 짓기 기호와 온갖 구별 짓기 비극이 탄생한다.

누구나 살다 보면 구별 짓기 욕망에 사로잡힐 수 있다. 하지만 구별 짓기 욕망에 사로잡힌 사람에겐 나만의 고유한 자유롭고 개성 있는 삶은 없다. 기를 써서 얻는 자가 되고 싶어 하고, 유행에서 밀리지 않으려 하고, 거위털로 가득 찬 패딩처럼 구별 짓기에 대한 욕심을 가득 채우고, 그래서 부모 등골 부러지게 하는 삶을 산다. BTS는 말한다. 그깟 패딩 안 입는다고 얼어 죽진 않아. 패딩 안에 거위털을 채우기 전에 머릿속에 개념을 채워.

누구나 겪어봤겠지 입고 거리로
나가보면 어깨 힘 빡 들어가고
나보다 작아 보이지 (…)

근데 넌 너무 배가 부른 상태 (…)
이제 맘을 정해[7]

.

.

.

.

.

.

.

등골브레이커?

아님 이미지브레이커?

'등골브레이커'와 시뮬라시옹의 철학

자유는 대체 불가능한 고유함이다
포장되고 재단된 욕망을 소비하는 이에겐
개성 있는 삶은 없다

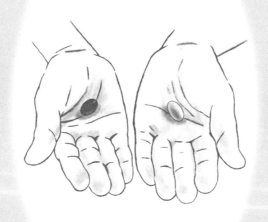

◆

BTS vs 데리다

'불타오르네'와
해체의 철학

Philosophy

Freedom

Dancing

Being

Wake up

Uniqueness

Love Myself

Fire
Fire
Fire
Fire

When I wake up in my room 난 뭣도 없지
해가 지고 난 후 비틀대며 걷지
다 만신창이로 취했어 취했어
막 욕해 길에서 길에서
나 맛이 갔지 미친놈 같지
다 엉망진창, livin' like 삐-이-

니 멋대로 살어 어차피 니 꺼야
애쓰지 좀 말어 져도 괜찮아

Errbody say La la la la la (La la la la la)
Say La la la la la (La la la la la)
손을 들어 소리 질러 Burn it up

불타오르네
싹 다 불태워라 Bow wow wow
싹 다 불태워라 Bow wow wow

Hey, burn it up
전부 다 태울 것같이
Hey, turn it up
새벽이 다 갈 때까지

그냥 살아도 돼 우린 젊기에
그 말 하는 넌 뭔 수저길래

수저수저거려 난 사람인데
(So what)

니 멋대로 살어 어차피 니 꺼야
애쓰지 좀 말어 져도 괜찮아

Errbody say La la la la la (La la la la la)
Say La la la la la (La la la la la)
손을 들어 소리 질러 Burn it up

불타오르네
싹 다 불태워라 Bow wow wow
싹 다 불태워라 Bow wow wow

(Fire) 겁 많은 자여 여기로
(Fire) 괴로운 자여 여기로
(Fire) 맨주먹을 들고 All night long
(Fire) 진군하는 발걸음으로
(Fire) 뛰어봐 미쳐버려 다

싹 다 불태워라 Bow wow wow
싹 다 불태워라 Bow wow wow
Fire
Fire
싹 다 불태워라 Bow wow wow
Fire
Fire
싹 다 불태워라 Bow wow wow

용서해줄게

작사·작곡 Pdogg, 방시혁, RM, SUGA, Devine Channel
노래 BTS

싹 다 불태워라

〈불타오르네〉의 핵심 노랫말은 "싹 다 불태워라"다. 〈불타오르네〉는 정해진 삶의 목표나 방향을 강요하는 현상을 비판하는 노래다. 싹 다 불태워라. 겁 많은 자여, 괴로운 자여 여기로 와라. 겁과 괴로움을 싹 다 불태워라. 정해진 삶의 목표와 방향에 따라 제대로 살아야 한다는 강박과 불안을 싹 다 불태워라. 네 멋대로 살아라. 어차피 삶은 네 거니까. 정해진 삶의 목표와 방향이라는 열쇠 말로 노랫말을 풀어보자.

|

날마다 내 방에서 일어날 때면 난 뭣도 없다는 자책감에 빠진다. 해가 지고 난 후 난 만신창이로 취해 맛이 간 미친놈같이 길에서 막 욕하며 비틀대며 걷는다. 모든 게 엉망진창인 삶이다. 하지만 괜찮다. 우린 젊기에 그냥 살아도 된다. 이기려고 애쓰지 말아라. 져도 괜찮다. 금수저, 흙수저라는 말에 신경 쓰지 말아라. 우린 수저가 아니라

사람이다. 네 멋대로 살아라. 어차피 삶은 네 것이니까. 정해진 것은 없다.

싹 다 불태워라. 겁 많은 자여 여기로 와라. 괴로운 자여 여기로 와라. 그러한 겁과 괴로움을 싹 다 불태워라. 맨주먹을 들고 밤새도록 진군하는 발걸음으로 뛰어봐라. 미쳐버려라. 정해진 삶의 목표와 방향으로 제대로 살아야 한다는 강박, 걱정, 불안을 싹 다 불태워라. 네 멋대로 살아라. 어차피 삶은 네 거니까. 정해진 것은 없다.

〈불타오르네〉는 청춘 2부작을 마무리하는 앨범《화양연화 Young Forever》에 실린 타이틀곡이다.《화양연화 Young Forever》는 "불안하고 위태로운 현실(화양연화 pt. 1) 속에서도 앞을 향해 달려나가는(화양연화 pt. 2) 청춘들의 마지막 이야기"를 노래한다. "아직도 미로 속은 어지럽고, 여전히 출구는 제 빛을 쉽사리 드러내지 않지만 두 주먹을 불끈 쥐고 앞을 향해 성큼성큼 나아가는(…) 이들의 노래는 꿈을 좇는 모든 이들을 대신해 부르는 청춘 찬가"다. 그동안 "화양연화 시리즈를 통해 선보였던(…) 감성적인 곡들과는 달리(…) 와일드하면서도 에너제틱한 면모를 마음껏 발휘"하는 〈불타오르네〉는 삶의 목표와 방향을 정해놓고 강요하는 현실을 싹 다 불태우자고 노래한다.[1] 이 노래의 주제를 잘 보여주는 소설이 있다. 제롬 데이비드 샐린저Jerome David Salinger의《호밀밭의 파수꾼The Catcher in the Rye》이다.[2] 이 소설을 바탕으로 BTS가 노래 〈불타오르네〉로 전하고자 하는 메시지를 살펴보자.

비틀대며 걸어도, 넘어져도 괜찮아
파수꾼이 있잖니!

열여섯 살 소년은 학교에서 퇴학을 당한다. 그는 고향인 뉴욕으로 돌아오면서 집으로 곧장 가지 않고 며칠 동안 뉴욕 거리를 방황한다. 나이트클럽에 가서 술을 마시고, 매춘을 시도하다 폭행당하고, 옛 선생님에게 인생 상담을 하러 갔다가 성추행을 당한다. 그리고 벽에 외설스러운 욕이 쓰인 것을 보고는 그것을 쓴 이를 '피투성이가 되어 죽어버릴 때까지' '그놈의 머리를 돌계단에 짓이기는 모습'을 상상하며 낙서를 지운다. 다른 곳에도 욕설이 쓰여 있었지만 칼로 새긴 탓에 지울 수 없었다. 그는 어차피 쓸데없는 일이라는 것을 깨닫는다. 100만 년 동안 지우고 또 지워도 세상의 욕설을 반도 지울 수 없을 테니까.

소년은 여동생에게 회전목마를 태워준다. 여동생이 회전목마를 타고 빙글빙글 도는 모습을 보면서 큰 소리로 외치고 싶을 정도로 큰 행복을 느꼈다. 그때 여동생은 잡으면 공짜로 한 번 더 탈 수 있는 금빛 고리를 향해 손을 뻗었다. 소년은 그녀가 목마에서 떨어질까 봐 걱정되어 견딜 수 없었다. 하지만 말리거나 그만두라는 말을 해서는 안 되고 그냥 내버려둬야 한다고 생각했다. 떨어질 때 떨어지더라도.

소년은 서부로 떠나겠다고 결심한다. 하지만 사랑하는 여동생이 같이 가겠다고 조르자 결국 포기하고 집으로 돌아간다. 집으로 돌아가던 중 여동생이 소년에게 묻는다. "오빠는 뭐가 되고 싶어?" 소년이 대답한다. "호밀밭의 파수꾼이 되고 싶어! 넓은 호밀밭에서 어린아이들이 놀다 낭떠러지에서 떨어질 것 같으면 얼른 가서 붙잡아주는 파수꾼이 되고 싶어."

이 소설은 방황의 소중함을 일깨워준다. 방황은 고정된 목표나 방향 없이 이리저리 헤매고 돌아다니는 것이다. 방황하는 사람은 BTS처럼 난 뭣도 없다고 투덜대며, 해가 지고 난 후 만신창이로 취해 맛이 간 미친놈같이 길에서 욕하고 비틀대며 걷는다. 모든 게 질서 없이 엉망진창으로 보인다. 우리는 대부분 방황을 안 하면 좋을 부정적인 것으로 여기거나 성숙 혹은 성장을 위한 수단으로 여긴다. 어서 빨리 방황을 끝내고 정해진 삶의 목표나 방향을 찾아 질서 있는 일상으로 돌아가기를 바란다.

하지만 BTS는 정해진 삶의 목표나 방향, 방식을 강요하는 것들을 싹 다 불태우고 이리저리 헤매고 돌아다니며 제멋대로 살라고 한다. 인생은 원래 방황하는 것이다. 진정으로 자유롭게 살려면 방황할 수밖에 없다. 자유는 방황을 꺼리는 이들에겐 은총이 아니라 저주다. 어떤 길도 없는 막막한 사막 한가운데 서 있다고 상상해보라. 삶의 목표나 방향, 방식을 미리 정해주지 않으면 스스로 헤매며 이를 찾아야 한다. 자유는 고통스럽다.

하지만 또 한편 상상해보라. 양쪽에 가시철조망이 쳐진 외길만 나 있는 넓은 들판을. 삶의 목표나 방향을 이처럼 하나로 미리 정해 강요하면 감옥에 갇힌 듯 괴롭다. 부자유가 훨씬 더 고통스러울 수 있다. BTS는 이렇게 살아라, 저렇게 살아라하며 사사건건 간섭하는 기성세대의 꼰대 짓과 이미 사회화되어 몸에 밴 내 몸속의 꼰대 짓을 모두 불태우라고 한다.

소설 속 소년은 세상의 모든 강박에서 벗어나려 방황하지만 이미 사회화되어 몸에 밴 강박은 어쩌지 못한다. 외설스러운 욕설을 해서는 안 된다는 순수함의 강박에서도 자유롭지 못하다. 그는 외설스러운 욕설을 쓴 이를 피투성이가 되어 죽어버릴 때까지 머리를 돌계단에 짓이기고 싶은 충동까지 느낀다. 하지만 소년은 방황을 통해 그러한 강박에서도 자유로워져야 함을 깨닫는다. 그래서 금빛 고리를 잡으려는 여동생의 위험한 시도를, 떨어질까 봐 걱정되어 견딜 수 없지만 그냥 내버려둔다. 떨어질 때 떨어질지라도.

어른이, 아니 세상이 할 일은 방황을 비난하고 삶의 목표나 방향을 정해서 강요하는 게 아니라 자유롭게 제멋대로 살수 있도록 사회적 보장이라는 안전한 울타리를 마련해주는 것이다. 다시 말해 호밀밭의 파수꾼 노릇을 하는 것이다. BTS는 말한다. 비틀대며 걸어도 괜찮아. 맛이 가고 미친놈처럼 길에서 막 욕해도 괜찮아. 다 엉망진창이어도 괜찮아. 니 멋대로살아. 세상에 정해진 원래 그런 건 없어. 어차피 삶은 니 꺼야. 애쓰지 좀 말어. 져도 괜찮아. 겁먹어도 괜찮아. 괴로워해도 괜찮아. 세상의 모든 강요와 강박을 불태워! Burn it up!

|

다 엉망진창, livin' like 삐-이-

니 멋대로 살어 어차피 니 꺼야

애쓰지 좀 말어 져도 괜찮아 (…)

싹 다 불태워라 Bow wow wow

Hey, burn it up

_BTS, 〈불타오르네〉

{ 원래 그런 건 없어 }

BTS의 노래 〈불타오르네〉에 담긴 정해진 삶의 방향이나 목표를 강요하는 현상에 대한 비판을 잘 보여주는 철학은 자크 데리다Jacques Derrida의 해체의 철학이다. 데리다는《그라마톨로지》에서 이렇게 말한다.

진리는 환상이다. 우리는 그것을 이제껏 잊고 있었다.

_데리다,《그라마톨로지》[3]

포스트모던 철학자 데리다는 모던 철학의 본질주의를 비판한다. 모던 철학은 삶의 목표나 방향을 정해주는 보편타당한 본질적 진리가 있으며, 그 진리를 인간의 이성으로 찾을 수 있다고 생각한다. 데리다는 이성 중심의 본질주의를 비판한다. 그는 본질주의가 말하는 원래 그런 영원하고 불변하며 단순하고 명백한 의심할 수 없는 절대적 진리는 없다고 주장한다. 그는 본질주의를 뒷받침하는 이성 중심주의나 계몽주의를 해체하고자 한다.

이성 중심주의나 계몽주의의 원조는 플라톤이다. 플라톤에 따르면 철학자의 역할은 어둠에 가려진 동굴 속 세상에 이성의 빛을 비추는 일이다. 진리는 원래 있지만 어둠에 가려져 인간이 못 볼 뿐이다. 이러한 계몽주의를 이어받아 꽃피운 대표적인 근대 철학자는 데카르트다. 그는 이성의 빛에 비추어 생각해보면 단순하고 명백한 의심할 수 없는 진리가 드러난다고 믿었다.

이성을 통한 계몽은 인간을 신에게서 해방시켰다. 신에 대한 이성적이지 않은 미신에서 벗어나도록 인간을 계몽했다. 그러나 신 대신 인간의 이성이 지배하는 현대사회는 시간이 흐를수록 오히려 인간의 자유를 억압한다. 데리다는 이성으로 찾을 수 있다는 유일하고 완결되며 단순하고 명백한 보편적 진리에 대한 믿음이 보편적이지 않은 다양한 개인의 개성과 자유를 억압한다고 본다. 그는 구조주의를 바탕으로 이성 중심의 본질주의를 해체한다.

본질주의는 복잡하고 모호한 현상을 불러일으키는, 배후에 있는 단순하고 명백한 본질을 찾으려 한다. 언어의 경우 기호 표현이라는 현상 뒤에서 의미를 부여하는 본질을 찾으려 한다. 하지만 구조주의에 따르면 기호 표현이라는 현상의 의미는 기호 표현의 관계나 구조에 따라 정해진다. 기호 표현 뒤에 또 다른 본질이 있다고 가정하고 의존할 필요가 없다.

데리다는 여기서 더 나아가 구조주의도 본질주의를 벗어

'불타오르네'와 해체의 철학

나지 못했다고 비판한다. 그는 현상의 배후에 있는 본질이 아니라 현상 자체의 구조가 의미를 규정한다고 한 소쉬르 등 구조주의 1세대가 이 구조를 유일하고 완결되며 단순하고 명백한 영원불변의 보편적 진리나 본질로 생각했다고 비판한다. 그는 그 대신 본질주의를 벗어난 구조주의, 후기 구조주의를 주장한다. 그래서 싹 다 불태운다. 원래 그렇다는 모든 본질주의를.

다름은 없다, 달라짐이 있을 뿐
진리는 없다, 달라지는 진리들이 있을 뿐
데리다는 기호 표현의 의미가 기호 표현의 고정된 차이 différence가 아니라 끊임없이 변하는 차연différance에 따라 정해진다고 본다. 다시 말해 다름이 아니라 달라짐에 의해 정해진다고 본다. 그는 기호 표현들 사이의 차이라는 관계나 구조도 끊임없이 변한다는 점을 강조한다. 차이라는 프랑스어 동사는 différer인데 이 단어는 기본적으로 다르다는 뜻을 지니고 있지만 '미루다' '지연시키다'라는 뜻도 지니고 있다. 데리다는 '차이(다름)'라는 의미에 '지연시키다' '미루다'라는 의미까지 담기 위해 '차연(달라짐)'이라는 단어를 만들었다.

차이의 en, 차연의 an이라는 프랑스어는 '앙'으로 발음은 같지만 그것이 담는 의미는 다르다. 차이를 차연으로 바꾸면서 의미는 단순하고 명백하지 않고 복잡하고 모호해진다. 차연은 기호 표현의 의미가 복잡하고 모호하다는 걸 보여주기 위한 언어유희 장치다. 세상 역시 단순하고 명백하지 않고 복잡하고 모호하다. 그런데 이성 중심의 현대사회는 복잡하고 모호한 세상을 단순하고 명백한 세상으로 환원해 수많은 것을 미끄러지게 한다. 매우 복잡하고 모호한 빨간색을 단순하고 명백한 것으로 환원하면 수많은 불그스레한 다양한 빨간 것이 다 미끄러져 빠져나간다.

> [기호]는 아무것도 의미하지 않는다. 또는 [차연처럼 끊임없이 미끄러져] [단 하나로] 결정할 수 있는 의미를 가지지 않는다.
>
> _데리다, 《박차》[4]

데리다는 대상의 의미가 유일하고 완결되며 단순하고 명백한 보편적 진리나 본질로 결정된다는 고정관념, 이데올로기를 해체해야 한다고 주장한다. 대상의 의미는 복합적이고 모호하며 다양한 맥락 속에서 끊임없이 변한다. 그는 이를 의미의 씨 뿌리기, 의미의 산종이라고 표현한다. 마치 씨를 뿌리면 온갖 척박한 곳, 비옥한 곳, 돌밭, 진흙밭에 뿌려져 거기서 제각기 다르게 식물이 자라나듯 대상의 의미는 하나가 아니라 맥락에 따라 끊임없이 변한다. 차이가 나며 미뤄지고 변하며 차연이 일어난다.

데리다는 차연이라는 현상은 보충 대리와 파르마콘 pharmakon 같은 특성을 보인다고 말한다. 보충 대리는 흔히 대리하는 행위를 의미한다. 행위능력이 없는 자, 미성년자, 한정

치산자 등을 대신해서 법률행위를 대리한다. 보충 대리는 돕고 보완하는 한편 부정하고 방해하는 역할도 한다. 미성년자의 자유의지가 부족하다고 여겨 보완하지만 그를 방해할 수도 있다. 보충 대리의 역할은 복잡하고 모호하며 단순하고 명백하지 않다. 예를 들어 부모나 선생이 미성년자인 청소년을 대리해 가장 적합한 진로를 찾아 결정해주면 한편으로 도움이 되지만 다른 한편으로 그가 자기 결정 능력을 기르는 것을 방해한다.

파르마콘은 플라톤의 《파이드로스》에 등장하는데, 독이 있는 당근을 뜻한다. 독은 생명을 위협하고 파괴한다. 그렇지만 다른 한편으로 몸을 치료하기도 한다. 차연은 파르마콘처럼 정반대 역할과 의미를 동시에 지니는 복잡하고 모호한 것이다. 데리다는 세상을 유일하고 완결되며 단순하고 명백한 의미로 확정하고 고정하려는 차이의 이데올로기를 해체하고 복잡하고 모호하며 끊임없이 변하는 자유로운 차연의 세상을 되찾아야 한다고 주장한다. 우리는 단순하고 명백함에 얽매이지 않고 복잡하고 모호함을 받아들일 때 비로소 자유로운 삶을 살 수 있다. 단순하고 명백한 삶, 그런 건 없다.

ǀ

[단 하나의 불변하는 단순하고 명백한] 진리 그 자체와 같은 것은 존재하지 않는다. 오직 [다양한 복잡하고 모호한] 진리들의 넘침만 있을 뿐이다.

_데리다, 《박차》

제3악장

fire vs 해체

BTS는 싹 다 불태우고 싶어 한다. 왜일까? 내 멋대로 살고 싶어서다. BTS에게 싹 다 불태우고 제멋대로 살고 싶은 삶은 어떤 것일까? 난 뭣도 없다는 자책감에 빠지기도 하고, 미친놈같이 길에서 막 욕하며 비틀대며 걷기도 하며, 어차피 삶은 내 거라 생각하고 이기려 애쓰지 않고 져도 괜찮다 여기는 삶, 금수저, 흙수저라는 말을 신경 쓰지 않고 나는 수저가 아니라 사람이라 생각하며, 겁이나 괴로움을 싹 다 불태우고, 맨주먹을 들고 밤새도록 진군하는 발걸음으로 뛰어보는 삶이다. 정해진 틀에 맞춰 제대로 살아야 한다는 강박과 불안을 싹 다 불태우고, 내 멋대로 사는 자유로운 미친 삶이다.

데리다는 원래 그렇다는 생각을 해체해야 한다고 말한다. 왜일까? 세상에 원래 그런 게 없어서다. 데리다에게 원래 그렇다는 생각을 해체하고 살고 싶은 삶은 어떤 것일까? 주어진 단순하고 명백한, 원래 그러한 정해진 보편적 틀이란 없으며,

세상은 원래 독이 있는 당근처럼 복잡하고 애매모호하며 다양한 맥락 속에서 끊임없이 변한다는 것을 깨닫는 삶이다. 단순하고 명백한, 원래 그러한 정해진 고정된 틀에 맞춰 제대로 살아야 한다는 강박을 싹 다 해체하고, 내 멋대로 사는 자유로운 미친 삶이다.

박쥐, 새면서 새가 아닌

옛날 옛적 어느 날 숲속에서 하늘을 나는 새들과 땅을 기어 다니는 네발짐승들 사이에 큰 싸움이 일어났다. 새들과 네발짐승들은 서로 자기편을 더 모으려고 애썼다. 하지만 박쥐는 어느 편도 들지 못하고 고민에 빠졌다. "어느 편을 들어야 하지? 난 새처럼 날개가 있지만 알을 낳지 못하고, 네발짐승처럼 네발이 있지만 기어 다니지 못하잖아." 박쥐가 고민하고 있을 때 새들이 찾아왔다. "박쥐야, 너는 날개가 있으니까 우리와 함께 싸우자!" 박쥐가 곰곰이 생각해보니 넓은 땅을 차지하고 있는 네발짐승들이 이길 것 같았다. 그래서 말했다. "미안해. 난 네발 달린 쥐인걸." 얼마 뒤 네발짐승들도 찾아왔다. "박쥐야, 너는 네발 달린 쥐니까 우리와 함께 싸우자!" 박쥐가 곰곰이 생각해보니 넓은 하늘을 차지하고 있는 새들이 이길 것 같았다. 그래서 말했다. "미안해. 난 날개 달린 새인걸."

싸움은 쉽게 결판이 나지 않았다. 새들이 공격하면 네발짐승들은 땅속이나 동굴로 들어가버렸고, 네발짐승들이 공격하면 새들은 하늘로 날아가버렸다. 결국 새들과 네발짐승들은 싸움을 포기했다. 시끄럽던 숲속에 다시 평화가 찾아왔다. 박쥐는 외톨이가 되었다. 박쥐는 새들을 찾아갔다. "얘들아, 나도 새니까 함께 놀자." 하지만 새들은 박쥐를 쫓아냈다. "웬일이야? 언제는 네발 달린 쥐라고 하더니. 네발짐승들이랑 놀아." 쫓겨난 박쥐는 네발짐승들을 찾아갔다. "얘들아, 나도 네발짐승이니까 함께 놀자." 하지만 네발짐승들도 박쥐를 쫓아냈다. "웬일이야? 언제는 날개 달린 새라고 하더니. 새들이랑 놀아." 아무도 친구가 되어주지 않자 박쥐는 동굴 깊숙이 들어가 후회하며 홀로 외롭게 지냈다.[5]

이야기 속 박쥐는 한때 서로 자기편으로 데려가려는 인기 있는 스카우트 대상이었다. 새이기도 하고 네발짐승이기도 하니까. 하지만 그건 자기편이 하나라도 더 있어야 하는 아쉬운 상황에서 있음직한 이야기이고, 현실 속 박쥐는 대부분 어느 편에도 속하지 못하는 왕따다. 새도 아니고 네발짐승도 아니니까. 현실은 너그럽지 않다. 새면 새고 네발짐승이면 네발짐승이지 새면서도 네발짐승인 애매모호한 존재를 용납하지 않는다. 사람들은 세상이 유일하고 완결되며 단순하고 명백한 본질로 고정되어 있어야 한다고 생각한다. 하지만 그러한 생각은 해체해야 할 이데올로기일 뿐이다. 세상은 복잡하고 애매모호해 고정된 본질에서 끊임없이 미끄러져 빠져나가며 다양한 맥락 속에서 끊임없이 변한다. 세상에 단순한 사람은 없다. 우리는 누구나 박쥐처럼 복잡하다.

누구나 살다 보면 고정된 틀로 세상을 쉽게 재단하고픈 생각이 든다. 하지만 고정된 틀로 세상을 쉽게 재단하는 사람에겐 내 멋대로 사는 자유로운 미친 삶은 없다. 어차피 삶은 내 거라고 생각하고 내 멋대로 사는 삶은 그에겐 없다. BTS는 말한다. 겁이나 괴로움을 싹 다 불태워라! 맨주먹을 들고 밤새 도록 진군하는 발걸음으로 뛰어봐라! 정해진 틀에 맞춰 제대로 살아야 한다는 강박을 싹 다 불태워라!

|

When I wake up in my room 난 뭣도 없지 (…)
해가 지고 난 후 비틀대며 걷지
다 만신창이로 취했어 취했어
막 욕해 길에서 길에서

나 맛이 갔지 미친놈 같지[6]

.

.

.

.

.

So what?

자유는 강요와 강박을 불태우는 해체다
고정된 틀로 세상을 바라보는 이에겐
내 멋대로 사는 미친 삶은 없다

Permission to Philosophy for Freedom
Philosophy like Butter

Track 9

◆

BTS vs 롤스

'봄날'과
정의의 철학

Philosophy

Freedom

Dancing

Being

Wake up

Love Myself

Uniqueness

| # 봄날

보고 싶다 이렇게
말하니까 더 보고 싶다
너희 사진을
보고 있어도 보고 싶다

너무 야속한 시간
나는 우리가 밉다
이제 얼굴 한번 보는 것조차
힘들어진 우리가
여긴 온통 겨울뿐이야
8월에도 겨울이 와

마음은 시간을 달려가네
홀로 남은 설국열차
니 손 잡고 지구
반대편까지 가
이 겨울을 끝내고파

그리움들이
얼마나 눈처럼 내려야
그 봄날이 올까
Friend

허공을 떠도는
작은 먼지처럼
작은 먼지처럼
날리는 눈이 나라면
조금 더 빨리 네게
닿을 수 있을 텐데

눈꽃이 떨어져요
또 조금씩 멀어져요
보고 싶다 보고 싶다

얼마나 기다려야
또 몇 밤을 더 새워야
널 보게 될까
만나게 될까

추운 겨울 끝을 지나
다시 봄날이 올 때까지
꽃 피울 때까지
그곳에 좀 더 머물러줘
머물러줘

니가 변한 건지
아니면 내가 변한 건지
이 순간 흐르는 시간조차 미워
우리가 변한 거지 뭐
모두가 그런 거지 뭐

그래 밉다 니가
넌 떠났지만
단 하루도 너를
잊은 적이 없었지 난

솔직히 보고 싶은데
이만 너를 지울게
그게 널 원망하기보단
덜 아프니까

시린 널 불어내본다
연기처럼 하얀 연기처럼
말로는 지운다 해도

사실 난 아직 널 보내지 못하는데

눈꽃이 떨어져요
또 조금씩 멀어져요
보고 싶다 보고 싶다

얼마나 기다려야
또 몇 밤을 더 새워야
널 보게 될까
만나게 될까

You know it all
You're my best friend
아침은 다시 올 거야
어떤 어둠도 어떤 계절도
영원할 순 없으니까

벚꽃이 피나 봐요
이 겨울도 끝이 나요
보고 싶다 보고 싶다

조금만 기다리면
며칠 밤만 더 새우면
만나러 갈게
데리러 갈게

추운 겨울 끝을 지나
다시 봄날이 올 때까지
꽃 피울 때까지
그곳에 좀 더 머물러줘
머물러줘

작사·작곡 Pdogg, RM, ADORA, 방시혁, Arlissa Ruppert, Peter Ibsen, 슈가
노래 BTS

나는
우리가 밉다

〈봄날〉의 핵심 노랫말은 "나는 우리가 밉다"다. 〈봄날〉은 다수의 행복을 위해서라면 소수를 희생해도 괜찮다는 비뚤어진 정의관을 반성하는 노래다. 보고 싶다. 너무 야속한 시간이다. 나는 우리가 밉다. 너희를 차디찬 겨울 속에 가둔 우리가 밉다. 여긴 온통 겨울뿐이다. 이 겨울을 끝내고 싶다. 그리움들이 얼마나 눈처럼 내려야 그 봄날이 올까. 우리가 밉다라는 열쇠 말로 노랫말을 풀어보자.

ㅣ

보고 싶다. 이렇게 말하니까 더 보고 싶다. 너희 사진을 보고 있어도 보고 싶다. 너무 야속한 시간이다. 여긴 온통 겨울뿐이다. 8월에도 겨울이 온다. 마음은 시간을 달려간다. 홀로 남은 설국열차를 타고 네 손을 잡고 지구 반대편까지 가 이 겨울을 끝내고 싶다. 그리움들이 얼마나 눈처럼 내려야 그 봄날이 올까. 친구야, 허공을 떠도는 작은 먼지처럼 날리는 눈이 나라면 조금 더 빨리 네게 닿을 수 있을 텐데. 눈꽃이 떨어진다. 또 조금씩 멀어진다. 나는 우리가 밉다. 너희들을 차디찬 겨울 속에 가둔 우리가 밉다.

보고 싶다. 얼마나 기다려야 또 몇 밤을 더 새워야 널 보게 될까, 만나게 될까. 추운 겨울 끝을 지나 다시 봄날이 올 때까지 꽃 피울 때까지 그곳에 좀 더 머물러줘. 네가 변한 건지 아니면 내가 변한 건지 이 순간 흐르는 시간조차 밉다. 영원히 잊지 않겠다고 약속한 우리가 변한 거다. 모두가 변한 거다. 나는 우리가 밉다. 너희들을 차디찬 겨울 속에 가둔 우리가 밉다.

넌 떠났지만 단 하루도 너를 잊은 적이 없었다. 난 솔직히 보고 싶은데 이만 너를 지울게. 그게 널 원망하기보단 덜 아프니까. 시린 널 불어내본다. 연기처럼 하얀 연기처럼. 말로는 지운다 해도 사실 난 아직 널 보내지 못한다. 눈꽃이 떨어진다. 또 조금씩 멀어진다. 나는 우리가 밉다. 너희들을 차디찬 겨울 속에 가둔 우리가 밉다.

아침은 다시 올 거다. 어떤 어둠도 어떤 계절도 영원할 순 없으니까. 벚꽃이 피나 보다. 이 겨울도 끝이 난다. 보고 싶다. 조금만 기다리면 며칠 밤만 더 새우면 만나러 갈게. 데리러 갈게. 추운 겨울 끝을 지나 다시 봄날이 올 때까지 꽃 피울 때까지 그곳에 좀 더 머물러줘. 나는 우리가 밉다. 너희들을 차디찬 겨울 속에 가둔 우리가 밉다.

〈봄날〉은《WINGS》외전《YOU NEVER WALK ALONE》

에 실린 타이틀곡이다. 《화양연화》 시리즈와 《WINGS》가 "청춘과 성장에 대한 서사"였다면, 《YOU NEVER WALK ALONE》은 "이 시대 아픈 청춘들에게 건네는 따뜻한 위로와 희망의 메시지"를 담고 있다. 〈봄날〉은 헤어진 "친구와의 만남을 기다리며 희망을 잃지 않겠다는 따뜻한 메시지"를 노래한다.[1] 노랫말과 뮤직비디오에는 수많은 친구의 목숨을 앗아 간 세월호 사건을 암시하는 상징이 곳곳에 숨어 있다.

정의롭지 않은 세상의 참혹한 비극과 불편한 진실을 고발하는 '설국열차', 세월호가 침몰한 시각을 가리키는 9시 35분에서 멈춘 벽시계, 세월호 친구들을 추모하는 'Don't Forget'이라는 문구가 쓰여 있는 세탁기, 팽목항에서 세월호 친구들을 기다리던 운동화가 걸린 나무 등 수많은 상징을 찾을 수 있다. 따라서 〈봄날〉은 세월호 친구들과의 만남을 기다리며 희망을 잃지 않겠다는 메시지를 담고 있다. 그렇지만 단순한 그리움만 이야기하는 게 아니다. 〈봄날〉은 미안함과 죄책감을 이야기한다. 이 노래의 주제를 잘 보여주는 소설이 있다. 어슐러 크로버 르 귄Ursula Kroeber Le Guin이 쓴 《바람의 열두 방향》에 실린 〈오멜라스를 떠나는 사람들〉이라는 단편소설이다.[2] 이 소설을 바탕으로 BTS가 노래 〈봄날〉로 전하고자 하는 메시지를 살펴보자.

Don't forget us!
: 세월에 잊히는 오멜라스의 아이들

오멜라스라는 마을의 아름다운 공공건물에 지하실이 있다. 그곳에는 정신지체 소녀가 갇혀 있다. 아이는 밤이면 살려 달라고 소리를 지른다. 오멜라스 사람들은 모두 아이가 거기에 있다는 사실을 알고 있다. 아이를 밝은 햇살이 비치는 바깥으로 데리고 나와 깨끗이 씻기고 잘 먹이고 편안하게 해준 다면 오멜라스 사람들이 누려온 행복과 아름다움과 즐거움은 사라진다. 단 한 사람의 불행을 구제하기 위해 수많은 사람이 누리는 멋지고 고상한 행복을 내던져야 한다는 것이 지하실에서 벌어지는 죄악을 묵인하는 이유다. 지하실에 갇힌 소녀를 본 이들 중에는 눈물을 흘리거나 분노를 터뜨리며 집으로 돌아가지 않고 오멜라스를 떠나 어둠 속으로 사라지는 이도 있었다. 그들이 가는 곳에 어떤 고달픈 삶이 기다리고 있는지 상상할 수 없지만.

세월호에서 죽은 아이들은 어쩌면 오멜라스의 소녀와 같은 존재일지 모른다. 세월호 사건을 보고 BTS는 오멜라스를 떠나는 사람들의 이야기와 닮았다고 느낀다. 사람들은 세월호 사건을 보며 슬퍼했고 미안함과 죄책감을 느꼈다. 우리가 저 아이들을 죽였다는 죄책감을.

세월호는 일본에서 18년 동안 운항한 뒤 폐기된 배다. 당시 한국 정부가 경제성장을 위해 선박 운항 기한을 20년에서 30년으로 연장했기 때문에 그 배를 사 와서 운항할 수 있었다. 경제성장을 위해 생명의 안전을 기꺼이 희생시켰다. 우리는 더 잘살고 싶다는 욕망 때문에 이러한 정부의 규제 완화 정책을 지지했다. 생명을 지키기 위한 규제마저 더 잘살고 싶다는 욕망 앞에 힘없이 무너졌다.

선주는 더 잘살고 싶다는 욕망으로 증축을 하고 과적을 했다. 심지어 안전 유지에 필요한 평형수까지 빼면서 짐을 더 실었다. 그리고 짙은 안개에도 배를 떠나게 했다. 그는 돈을 사람 목숨보다 더 중요하게 여겼다. 세월호 사건이 나자 우리는 규제를 완화한 정부를 비난하고, 과적을 하고 짙은 안개에도 출항하게 한 선주를 비난했다. 그러나 우리는 곧 깨달았다. 우리도 그 책임에서 자유롭지 않다는 것을. 결국 사람의 가치보다 돈의 가치를 더 중요하게 여기는 우리 모두의 무한한 욕망이 아이들을 죽였다는 것을. 우리 모두의 욕망을 위해 누군가가 희생되는 것은 어쩔 수 없다고 여긴 우리가 아이들을 죽였다는 것을. 그래서 BTS는 말한다. 우리가 밉다고.

따뜻한 봄날에 가라앉은 아이들이 차가운 바닷속에 아직 머물고 있지만 일곱 번의 겨울이 지나도록 진실을, 아니 그들을 인양하지 못하고 있다. 아니 인양하지 않고 있다. 우리의 욕망과 행복을 위해. BTS는 온통 겨울뿐인 이 세상에서 그들을 구해내 함께 오멜라스를 떠날 수 있는 봄날이 오기를 바라며 노래한다.

보고 싶다 이렇게
말하니까 더 보고 싶다
너희 사진을

보고 있어도 보고 싶다
너무 야속한 시간

나는 우리가 밉다

_BTS, 〈봄날〉

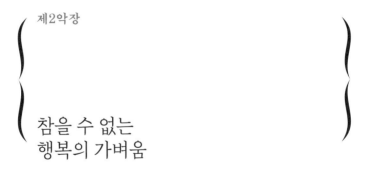

참을 수 없는
행복의 가벼움

BTS의 노래 〈봄날〉에 담긴 정의롭지 않은 사회에 대한
비판을 잘 보여주는 철학은 존 롤스John Rawls의 정의의 철학
이다. 롤스는《정의론》에서 이렇게 말한다.

> 정의는 [사회에서] 혜택을 가장 적게 받는 이[가난하고
> 약한 이]가 혜택을 가장 많이 받는 것이다.
>
> _롤스,《정의론》[3]

가난하고 약한 이에게 많은 것을 베푸는 사회는 도덕적인
사회임이 분명하다. 하지만 도덕적인 사회를 정의로운 사회라
고 할 수 있을까? 권리와 의무가 공평해야 정의롭다고 생각하
는 사람은 가난하고 약한 이에게 많은 것을 베풀기 위해 부유
하고 강한 이에게 세금을 많이 걷는 사회를 정의롭다고 생각
하지 않는다. 최대 다수의 최대 행복을 보장하는 사회가 정의

롭다고 생각하는 사람은 부유하고 강한 많은 이들이 가난하고 약한 한 아이의 행복을 빼앗아 자신들의 행복을 누리는 오멜라스를 정의로운 사회라고 생각할 것이다. 도대체 정의란 무엇일까? 가난하고 약한 이에게 많은 것을 베푸는 사회가 도덕적이면서도 정의로운 사회일 수 있을까?

현대 자본주의사회에 사는 사람들은 대부분 자기도 모르게 한 가지 정의의 원칙을 가지고 있다. 최대 다수의 최대 행복이라는 공리주의 원칙이다. 오멜라스 사람들이 따르는 정의의 원칙이다. 왕이든 귀족이든 특권을 가진 소수가 최대의 행복을 누리는 게 정의롭다고 여긴 민주주의 이전 사회와 비교하면 다수결 원칙을 정의 원칙으로 삼는 민주주의 사회에서 공리주의 정의 원칙은 정당한 듯 보인다.

하지만 다수결은 소수를 억압하는 정의롭지 않은 폭력이 될 수도 있다. 히틀러가 통치하던 독일 사회가 유대인을 탄압한 게 대표적인 예다. 히틀러는 비민주적인 쿠데타로 정권을 잡은 사람이 아니다. 독일 국민 다수의 지지를 받아 총리가 되었다. 히틀러는 민주주의 제도 아래 다수결에 따라 정권을 잡았으며, 독일 국민 다수의 지지를 받아 제2차 세계대전을 일으키고 600만 명의 유대인을 죽였다. 이처럼 민주주의 사회의 다수결 원칙은 다수의 폭력을 감추는 장치가 될 수 있다.

공리주의를 가장 결정적으로 비판한 사람이 바로 롤스다. 그는 결과가 아니라 절차가 정의로워야 정의라고 주장했다. 정의롭다는 것은 공정하다는 것이다. 공정하다는 것은 불편부당하고 공평무사하다는 뜻이다. 다시 말해 어느 편에도 치우치지 않고 사사로운 이득을 취하지 않아야 한다. 이런 공정함은 과정의 공정함으로 실현할 수 있다. 롤스 이전의 정의는 주로 결과의 공정함에 초점을 맞췄다. 예를 들이 마르크스는 소유물을 공평하게 나눠 갖는 것이 정의라고 보았다. 반면 롤스는 결과의 공정함은 과정이 정의로우면 자연스럽게 따라오는 것으로 여긴다.

가난한 자에게 정의가 있나니!
정의의 나라가 너희 것이다

롤스는 과정의 공정함이 정의임을 보이기 위해 사람들에게 '무지의 베일'을 씌우는 사고실험을 한다. 결혼할 때 면사포를 쓰면 신부는 세상이나 다른 사람을 볼 수 있지만, 사람들은 신부의 얼굴을 볼 수 없다. 롤스의 베일을 쓰면 세상이나 다른 사람을 볼 수 있지만 내가 나를 볼 수 없다. 내가 백인인지 흑인인지, 남자인지 여자인지, 부자인지 가난한 사람인지, 잘생겼는지 못생겼는지, 똑똑한지 어리석은지 등등 자기 처지를 전혀 알 수 없다.

무지의 베일을 쓰고 하는 선택은 공정하고 정의로운 선택이라 할 수 있다. 내 처지를 모르기 때문에 나에게 유리하게 선택할 수 없으니까. 롤스는 A, B 두 사람이 케이크를 잘라 나눠 가지는 상황을 가정한다. 어떻게 잘라야 정의로울까? 대부분 똑같이 반으로 자르는 것이 정의롭다고 대답한다. 롤스는 똑같이 반으로 자르는 건 결과이고 반으로 자르는 과정이 정의로워야 한다고 본다. 예를 들어 A, B 중 먼저 자르는 A에게 조건을 준다. 자르고 나서 누가 먼저 가져갈지는 정하지 않는다. 자르고 나서 가위바위보로 정하자고 하면 A는 나중에 가져가는 사람이 될 수도 있다. 나의 처지를 모르는 '무지의 베일'을 쓴 셈이다. 자신이 나중에 가져가는 사람이 될 수도 있기 때문에 A는 손해를 보지 않으려고 결국 케이크를 똑같이 자르게 된다. 공정한 과정이 공정한 결과를 가져온다.

자신에 대한 무지의 베일을 쓴 상황에서는 아무도 타고 난 또는 사회적인 우연한 조건 때문에 정의로운 원칙을 선택하는 데 유리하거나 불리하지 않다.

_롤스,《정의론》

롤스는 케이크 비유로 공리주의를 비판한다. 사람들에게 무지의 베일을 쓰고 선택하라고 하면 아무도 공리주의 원칙으로 선택하지 않을 것이다. 그 누구도 자신이 행복한 다수에 속할지 손해 보는 소수에 속할지 알 수 없기 때문이다. 이런 상황이라면 소수가 다수를 위해 손해 보는 것이 옳다는 공리주의는 말도 안 된다고 반대할 것이다. 여기에는 손해가 이익보다 심리적으로 더 크게 느껴진다는 심리학적 전제가 깔려 있다. 예를 들어 50이라는 이익을 얻을 수도, 손해를 입을 수도 있다고 하자. 사실 50의 이익과 50의 손해는 물리적으로 똑같지만 심리적으로는 같지 않다. 50의 손해는 50의 이익보다 더 크게 느껴진다. 배고픈 것은 참아도 배 아픈 것은 못 참는다. 따라서 누구든 이익을 볼지 손해를 볼지 자신의 처지를 모르는 '무지의 베일'을 쓰면 손해를 보지 않는 쪽을 선택한다. 차디찬 겨울 바다 속에 갇혀 있어야 하는 이가 나일 수도, 내 아이일 수도 있다면 다수의 행복을 위해 세월호를 인양하지 말자는 잔인한 선택을 하는 이는 아무도 없을 것이다.

여기서 끌어낼 수 있는 정의의 원칙은 최소 수혜자가 최대 혜택을 받는 것이다. 최소 수혜자란 문제 상황에서 혜택을 가장 적게 받는 사람, 가장 불리한 처지에 있는 사람이다. 일반적으로 가난하고 힘없는 사람이다. 케이크 나누기에서는 맨 나중에 케이크를 가져가는 사람이다. 따라서 맨 나중에 케이크를 가져가는 가장 불리한 처지에 있는 사람이 손해를 가장 적게 보는 게 정의다. 이러한 정의 원칙이 보편타당한 진리인 까닭은 무지의 베일이라는 사고실험을 통해 누구나 검증하고 동의할 수 있기 때문이다. 롤스는 무지의 베일이라는 사고실험으로 무엇이 정의인지 정의 원칙을 밝혔을 뿐만 아니라 현대 민주주의 사회에서 많은 이들이 당연하게 여기는 공리주의 정의 원칙이 정의롭지 않다는 것을 증명해 보였다.

[자신에 대한 무지의 베일을 쓴] 상황에서 사람들은 다음과 같은(…) 정의로운 원칙을 선택할 것이다. 첫 번째 원칙은 기본적인 권리와 의무를 평등하게 나누어야 한다는 [평등의] 원칙이다. 두 번째 원칙은 경제적, 사회적 불평등(…)이 모든 사람에게, 그 가운데서도 특히 사회에서 혜택을 가장 적게 받은 사람들에게 그 불평등을 보상할 만

한 [큰] 이득을 가져올 때만 정당하다는 [불평등의] 원칙
이다.

_롤스, 《정의론》

봄날 vs 정의

BTS는 우리가 밉다고 한다. 왜일까? 친구들을 차디찬 겨울 속에 가둬서다. BTS에게 우리가 밉지 않은 삶은 어떤 것일까? 설국열차를 타고 네 손을 잡고 지구 반대편까지 가 이 겨울을 끝내는 삶이다. 그리움들이 눈처럼 내려 봄날이 오는 삶, 기다리고 기다려 또 몇 밤을 더 새워 널 보고 널 만나러 가는 자유롭고 정의로우며 용기 있는 삶이다.

롤스는 무지의 베일을 쓰라고 한다. 왜일까? 그래야 정의로울 수 있어서다. 롤스에게 무지의 베일을 써서 정의로워진 삶이란 어떤 것일까? 내가 잘생겼는지 못생겼는지 모르니 "잘생기면 모든 게 용서된다"라고 말하지 못하고, 내가 남자인지 여자인지 모르니 "누가 여자로 태어나래"라고 말하지 못하는 삶이다. 내가 부자인지 가난한지 모르니 "억울하면 돈을 벌어라"라고 말하지 못하고, 내가 장애인인지 아닌지 모르니 "소수인 당신들이 양보해야지"라고 말하지 못하는 삶이다. 더 나아가 내가 남자라도 부자라도 장애가 없는 사람이라도 스스로 무지의 베일을 쓰는 용기를 내보는 자유롭고 정의로우며 용기 있는 삶이다.

누가 고양이 목에 방울을 달 것인가?
: 정의는 지혜가 아니라 용기의 문제다

쥐들이 평화롭게 살던 마을에 고양이 한 마리가 나타나 날마다 쥐를 잡아먹었다. 쥐들은 모두 불안에 떨었다. "어젯밤엔 하얀 수염 쥐가 당했대요. 오늘 밤엔 또 어떤 쥐가 당할지 도무지 불안해서 편히 잠을 잘 수 없어요." 쥐들은 대책 회의를 열었다. 영리한 쥐가 말했다. "고양이가 잠자는 시간에 먹이를 구하러 다닙시다!" 신중한 쥐가 말했다. "고양이는 낮에 자는데, 낮에 먹이를 구하러 돌아다니면 사람들이 가만히 두겠어요?" 가장 나이 많은 쥐가 말했다. "그럼 어떻게 해야 좋을까요?" 한동안 침묵이 흘렀다. 마침내 꾀 많은 쥐가 말했다. "고양이 목에 방울을 답시다!" 그 기발한 생각에 모든 쥐가 환호했다. 가장 나이 많은 쥐가 말했다. "그거 좋은 생각이오. 방울 소리가 나면 얼른 피하면 되니까. 그런데 누가 고양이 목에 방울을 달지요?" 순간 갑자기 조용해졌다, 쥐 죽은 듯![4]

힘 있는 자가 힘없는 이를 괴롭히는 것은 정의롭지 않다. 힘 있는 자가 힘없는 이를 괴롭히지 못하게 하려면 힘 있는 자의 목에 방울을 달면 된다. 하지만 문제는 누가 방울을 달 것인가다. 정의는 지혜의 문제라기보다 용기의 문제다. 오멜라스 사람들은 힘 있는 자신들이 행복을 누리기 위해 힘없는 소녀를 괴롭히고 있다는 것을 알고 있다. 그것이 정의롭지 않다는 것도 알고 있다. 차마 견디기 힘든 이들은 눈물을 흘리며 조용히 오멜라스를 떠날 뿐, 소녀를 괴롭히지 말자고 말하는 이는 없다.

누구나 살다 보면 정의롭지 않은 일을 하거나 볼 때가 있다. 하지만 정의롭지 않은 이의 목에 방울을 달 용기가 없는 사람에겐 자유롭고 정의로우며 용기 있는 삶은 없다. 홀로 남은 설국열차를 타고 지구 반대편까지 가 이 겨울을 끝내는 삶, 그리움들이 눈처럼 내려 봄날이 오는 삶, 몇 밤을 새워 널 만나러 가는 자유롭고 정의로우며 용기 있는 삶은 없다. 봄날은 없다.

보고 싶다
보고 싶다

얼마나 기다려야
또 몇 밤을 더 새워야
널 보게 될까
만나게 될까 (…)

추운 겨울 끝을 지나
다시 봄날이 올 때까지
꽃 피울 때까지

'봄날'과 정의의 철학

그곳에 좀 더 머물러줘

머물러줘[5]

.

.

.

.

.

.

싫어!!!

자유는 나를 넘어서는 정의다
정의롭지 않은 행복에서 벗어나지 못하는 이에겐
모두가 따뜻한 봄날은 없다

Permission to Philosophy for Freedom
Philosophy like Butter

◆

BTS vs 로티

'작은 것들을 위한 시'와
아이러니의 철학

Philosophy

Freedom

Dancing

Being

Wake up

Uniqueness

Love Myself

| 작은 것들을 위한 시 (feat. Halsey)

모든 게 궁금해 How's your day
Oh tell me
뭐가 널 행복하게 하는지
Oh text me

Your every picture
내 머리맡에 두고 싶어 oh bae
Come be my teacher
네 모든 걸 다 가르쳐줘
Your 1, your 2

Listen my my baby 나는
저 하늘을 높이 날고 있어
(그때 니가 내게 줬던 두 날개로)
이제 여긴 너무 높아
난 내 눈에 널 맞추고 싶어
Yeah you makin' me a boy with luv

Oh my my my oh my my my
I've waited all my life
네 전부를 함께하고 싶어
Oh my my my oh my my my
Looking for something right
이제 조금은 나 알겠어

I want something stronger
Than a moment, than a moment, love
I have waited longer

For a boy with
For a boy with luv

널 알게 된 이후 ya 내 삶은 온통 너 ya
사소한 게 사소하지 않게 만들어버린 너라는 별
하나부터 열까지 모든 게 특별하지
너의 관심사 걸음걸이 말투와 사소한 작은 습관들까지

다 말하지 너무 작던 내가 영웅이 된 거라고 (Oh nah)
난 말하지 운명 따윈 처음부터 내 게 아니었다고 (Oh nah)
세계의 평화 (No way)
거대한 질서 (No way)
그저 널 지킬 거야 난
(Boy with luv)

Listen my my baby 나는
저 하늘을 높이 날고 있어
(그때 니가 내게 줬던 두 날개로)
이제 여긴 너무 높아
난 내 눈에 널 맞추고 싶어

Yeah you makin' me a boy with luv
Oh my my my oh my my my
You got me high so fast
네 전부를 함께하고 싶어
Oh my my my oh my my my
You got me fly so fast
이제 조금은 나 알겠어

Love is nothing stronger
Than a boy with luv
Love is nothing stronger
Than a boy with luv

툭 까놓고 말할게
나도 모르게 힘이 들어가기도 했어
높아버린 sky, 커져버린 hall
때론 도망치게 해달라며 기도했어
But 너의 상처는 나의 상처
깨달았을 때 나 다짐했던 걸
니가 준 이카루스의 날개로
태양이 아닌 너에게로
Let me fly

Oh my my my oh my my my
I've waited all my life
네 전부를 함께하고 싶어
Oh my my my oh my my my
Looking for something right
이제 조금은 나 알겠어

I want something stronger
Than a moment, than a moment, love
Love is nothing stronger
Than a boy with luv

작사·작곡 Pdogg, RM, Melanie Joy Fontana, Michel 'Lindgren' Schulz, 방시혁, 슈가,
     Emily Weisband, 제이홉, Halsey
노래 BTS

{ }

태양이 아닌
너에게로

〈작은 것들을 위한 시〉의 핵심 노랫말은 "태양이 아닌 너에게로"다. 〈작은 것들을 위한 시〉는 작은 것들의 소중함을 이야기하는 노래다. 나는 저 하늘을 높이 날고 있다. 그때 네가 내게 준 날개로. 이제 여긴 너무 높다. 난 내 눈에 널 맞추고 싶다. 사소한 게 사소하지 않게 만들어버린 너라는 별, 하나부터 열까지 모든 게 특별하다. 세계의 평화, 거대한 질서, 다 좋지만 난 그저 널 지킬 거다. 네가 달아준 이카루스의 날개로 태양이 아닌 너에게로 날아갈 거다. 작은 것들의 소중함이라는 열쇠 말로 노랫말을 풀어보자.

사랑하는 이에게는 사랑하는 이의 모든 게 궁금하다. 너의 하루는 어땠는지, 뭐가 널 행복하게 하는지, 모든 순간이 궁금하다. 네 모든 순간을 내 머리맡에 두고 싶어 한다. 너의 하나하나를, 네 모든 걸 다 가르쳐주길 원한다.

넌 내게 이카루스의 날개를 달아주었다. 난 그 날개로 저 하늘을 높이 날고 있다. 하지만 넌 날 사랑하는 소년으로 만들어주었다. 사랑하는 소년은 태양이 아닌 너에게로 날 아가길 원한다. 태양은 너를 바라보기에 너무 높다. 사랑하는 소년은 자신의 눈에 널 맞추고 바라보고 싶어 한다. 저 높이 있는 사랑은 이곳에 있는 사랑하는 너보다 더 소중하지 않으니까.

네 전부를 함께하고 싶어 난 평생 기다렸다. 널 알게 된 후 내 삶은 온통 너로 가득 찼다. 하나부터 열까지 너의 모든 게 특별하게 느껴진다. 너라는 별은 사소한 것을 사소하지 않게 만들어버렸다. 너의 관심사와 걸음걸이, 말투와 사소한 작은 습관들까지 소중하게 느끼도록 만들었다. 다들 너무나도 보잘것없이 작던 내가 운명적인 영웅이 되었다고 말한다. 하지만 세계의 평화나 거대한 질서를 추구하고 지키는 운명 따윈 처음부터 내 것이 아니었다고 난 말한다. 난 사랑하는 소년이 되어 그저 널 지킬 거다. 이제 조금은 알겠다. 저 높이 있는 사랑은 이곳에 있는 사랑하는 소년보다 소중한 게 아니라는 것을.

솔직히 말하자면, 나도 모르게 힘이 들어가기도 했다. 하늘은 너무 높아져버렸고 공간은 너무 커버려 난 도망치게 해달라며 기도했다. 하지만 너의 상처는 나의 상처라는 걸 깨달았을 때 난 다짐했다. 네가 준 이카루스의 날개로 태양이 아닌 너에게로 날아가겠다고. 네 전부를 함께하고 싶어 내 평생을 기다렸으니까. 난 내 평생 무엇이 옳

은지 찾아 헤매었다. 이제 조금은 알겠다. 저 높이 있는 사
랑은 이곳에 있는 사랑하는 소년보다 소중한 게 아니라는
것을.

〈작은 것들을 위한 시〉는《MAP OF THE SOUL : PER-
SONA》앨범에 실린 타이틀곡이다. 'Boy with Luv'라는 부제
가 붙어 있다.《MAP OF THE SOUL : PERSONA》는《LOVE
YOURSELF》시리즈를 통해 "나 자신을 사랑하는 것이 진
정한 사랑의 시작"이라는 메시지를 전해온 BTS가 이제 "너
에 대해 알고 싶다는 관심"을 보이는 앨범이다. BTS는 "아미
들과 함께 데뷔 후 2,080일간의 추억을 기록하는 아미피디아
Armypedia 캠페인 영상"에서 그러한 관심을 밝힌 바 있다. 〈작
은 것들을 위한 시〉는 "어린 시절의 치기 어린 사랑에서 벗어
나 너의 사소한 일상과 행복을 알아가는 것에 즐거움을 느끼
고, 그것을 지키는 것이 진짜 사랑이며 진짜 힘"이라고 이야
기하며, "세계의 평화, 거대한 질서 등이 아닌, 너에 대한 관심
과 사랑, 작고 소박한 사랑의 즐거움"을 노래한다.[1] 이 노래의
주제를 잘 보여주는 영화가 있다. 드니 빌뇌브Denis Villeneuve
감독의 〈컨택트Arrival〉다.[2] 이 영화는 테드 창Ted Chiang이 쓴
《당신 인생의 이야기Stories of Your Life and Others》속 단편소설
〈당신 인생의 이야기Stories of Your Life〉를 원작으로 한다.[3] 이
영화를 바탕으로 BTS가 노래 〈작은 것들을 위한 시〉로 전하
고자 하는 메시지를 살펴보자.

✉ 메시지 1개가 도착했습니다!

: "Love is nothing stronger than a boy with luv!"

외계 우주선이 세계 곳곳에 나타난다. 사람들은 그들이 왜 지구에 왔는지 알아내려 한다. 언어학자 루이스는 물리학자 이안과 함께 그들이 우리에게 시간의 비밀을 알려주러 왔다는 것을 알아낸다. 지구인은 시간이 직선처럼 과거에서 현재를 거쳐 미래로 나아간다고 생각하지만 외계인은 시간이 원처럼 둥글게 과거, 현재, 미래를 거쳐 다시 과거로 돌아간다는 시간의 비밀을 알려준다. 루이스는 '언어는 생각의 방식도 결정한다'는 사피어-워프 가설Sapir-Whorf hypothesis처럼 외계인의 언어를 알게 되면서 시간을 원 모양으로 생각하는 그들의 사고방식을 닮아간다. 다시 말해 미래를 과거처럼 알게 된다.

외계인이 떠난 뒤 루이스는 이안을 바라보며 그들의 미래를 본다. 그녀는 이안과 결혼해 딸 한나를 낳고 행복하게 산다. 그러나 한나는 불치병에 걸려 죽고 만다. 루이스가 이 사실을 미리 알고도 자신과 사귀었다는 것을 안 이안은 그녀를 떠난다. 그들의 미래를 본 루이스는 이안에게 묻는다. "미래를 안다면 바꿀 건가요?" 이안은 대답 대신 말한다. "사랑해요!" 루이스는 웃으며 그를 힘껏 포옹한다.

영화는 외계인과 사랑 이야기로 이루어져 있다. 〈컨택트〉 또는 〈Arrival〉이라는 영화 제목으로 본다면 주된 내용이 외계인 이야기 같지만, 〈당신 인생의 이야기〉라는 소설 제목으로 본다면 주된 내용은 사랑 이야기다. 미래에 사랑하는 딸이 불치병으로 죽고 사랑하는 남자까지 잃는다는 것을 알고도 '웃으며' 선택하는 여자의 인생 이야기다. 어쩌면 당신의 인생 이야기일 수도 있다. 이 영화는 묻는다. 당신의 인생에서 사랑이 더 중요한지, 사랑하는 사람이 더 중요한지.

　누구나 안다. 행복한 사랑이 좋다는 것을. 불행한 사랑보다 행복한 사랑을 선택해야 한다는 것을. 이것이 사랑의 진리요, 사랑의 이데아다. 모두가 갈망하는 목표요, 태양이다. 하지만 BTS에게는 태양보다 사랑하는 네가 더 소중하다. 사랑하는 이에게는 사랑의 '진리'가 무엇인지는 전혀 중요하지 않다. 사랑하는 이에게는 사랑하는 '딸'이 중요하며 사랑하는 '남자'가 소중하다. 사랑하는 딸과 함께하는 일상의 '놀이'가, 사랑하는 남자와 주고받는 일상의 '속삭임'이 더 소중하다. 사랑하는 이에게는 사랑하는 딸을 잃는 아픔마저, 사랑하는 남자와 헤어지는 슬픔마저 소중하다. 그래서 그 아픔이, 그 슬픔이 다가오는 것을 알면서도, 아니 알기 때문에 아이러니하게 그 아픔과 슬픔을 사랑한다. 사랑하는 이의 사랑은 그래서 아이러니한 자유다.

　사랑하는 이는 사랑의 본질이 무엇인지도 모르면서 사랑을 만들어가는 아이러니한 사람이다. 아이러니한 자유로운 영웅은 삶의 본질이 무엇인지, 사랑의 본질이 무엇인지 거창한 추상적 진리를 찾아 실현하는 이가 아니다. 그는 일상의 사람과 기쁨, 슬픔을 사랑하며 작은 것들을 위해 노래하는 시인이다. 사랑하는 이의 크고 작은 슬픔, 고통과 어깨동무하며 살아가길 원하는 자유로운 영혼이다. 그래서 자유로운 아이러니스트 BTS는 날아간다. 태양이 아닌 너에게로.

세계의 평화 (No way)

거대한 질서 (No way)

그저 널 지킬 거야 난 (…)

니가 준 이카루스의 날개로

태양이 아닌 너에게로

_BTS, 〈작은 것들을 위한 시〉

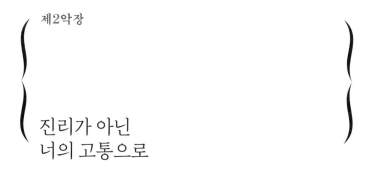

제2악장

진리가 아닌
너의 고통으로

BTS의 노래 〈작은 것들을 위한 시〉에 담긴 일상적인 작은 것들을 하찮게 여기는 태도에 대한 비판을 잘 보여주는 철학은 리처드 로티Richard Rorty의 아이러니의 철학이다. 로티는 《우연성, 아이러니, 연대》에서 이렇게 말한다.

> 잔인한 행동을 혐오하게 되는 것은(…) [그것이 옳지 못하다는 추상적이고 거창한 필연적인] 진리에 대한 깨달음보다 오히려 그 행동이 가져오는 [구체적이고 일상적인 우연한] 결과[=고통]에 대한 상상(…)에서 비롯된다.
>
> _로티,《우연성, 아이러니, 연대》[4]

로티는 거창한 것의 신화가 허구임을 밝히는 영미 철학의 전통을 이어받아 발전시킨다. 주로 영국과 미국에서 펼쳐진 영미 철학은 독일과 프랑스를 비롯한 대륙 철학을 근본적으로 비판함으로써 탄생했다. 대륙 철학자들은 형이상학적인 존재 같은 거창한 것에 대한 사변 활동을 철학이라고 생각했다. 형이상학적 존재란 형이상학metaphysics이라는 말 자체에서 드러나듯 보고 듣고 만지는 물리적 세계를 넘어서는 추상적 존재다. 영미 철학자들은 우리가 이 세상 너머에 있는 것을 알 수 있는지 강한 의문을 제기한다. 이를테면 신은 우리가 도저히 알 수 없는 존재다. 신과 같은 거창한 것에 대한 온갖 사변은 결국 허구이며 엉터리다. 영미 철학자들에게 철학의 역할이란 세상 너머에 있는 추상적인 거창한 존재를 상상하는 것이 아니라, 이 세상에 있는 구체적인 일상적 말을 분석하는 것이다. 그들은 우리가 하는 말은 세계에 대한 것이기에 이를 분석하면 결국 세계를 알 수 있다고 믿었다. 그래서 영미 철학을 언어철학 또는 분석철학이라 한다.

하지만 로티는 영미 철학자들의 언어분석철학도 대륙 철학의 철학적 태도에서 근본적으로 벗어나지 못하고 있다고 본다. 그들도 보편타당하고 불변하는 단 하나의 진리를 찾는 활동이 철학이라 여기는 패러다임을 여전히 가지고 있다. 대륙 철학이 진리 자체를 사변이라는 수단으로 직접적으로 탐구한다면 언어분석철학은 세계에 대한 언어를 분석하는 간접적인 방법을 사용할 뿐이다. 직접적이냐 간접적이냐의 차이일 뿐이다.

로티에 따르면 보편타당하고 불변하는 진리는 없다. 직접적이든 간접적이든 진리를 찾는 시도는 결국 실패할 수밖에 없다. 분석철학에서 말하는 것처럼 언어의 의미는 필연적인 것도, 고정된 것도 아니다. 언어는 세계를 표상하는 거울이 아니다. 분석철학은 세계에 대한 인식론적 관심을 언어철학적 관심으로 옮겨놓은 불순한 철학이다. 그들의 언어철학은 언어에 대한 관심에 진리를 추구하는 인식론적 의도가 숨어 있는 불순한 활동이다.

로티는 어떤 행위나 주장이 참인지 거짓인지 따지지 말고 정당한지 아닌지 따져야 한다고 주장한다. 로티의 신실용주의는 진리를 추구하는 상응론이 아니라 정당화 이론을 추구한다. 상응론은 세계가 진리의 기준이므로 어떤 말로 이루어진 주장이 이 세계와 일치하면 참이고, 일치하지 않으면 거짓이라고 여겼다. 하지만 로티는 그런 진리가 아무런 쓸모도 없다고 보았다. 진리의 기준이 되는 세계 자체를 알 수 없기 때문이다. 우리는 인식 활동 밖에 있는 세계 자체에 대해서는 아무것도 알 수 없다. 눈이나 귀 같은 감각기관을 통하지 않고서 밖에 있는 세계 자체를 있는 그대로 인식할 수 없다.

손을 그리는 손을 그리는 손

로티는 세계가 아닌 언어에만 관심을 갖는 순수한 언어철학을 추구하며 필연적인 진리 대신 언어의 우연성에 주목한다. 그에 따르면 언어는 공동의 삶에서 소통에 유용한 메타포다. 언어의 의미는 우연한 비유 관계에서 드러난다. 언어는 우연한 것이지 고정된 것이 아니다. 예를 들어 마음이라는 말의 의미는 비유하는 것에 따라 바뀐다. "내 마음은 호수요"라는 시구에서 마음의 의미는 호수다. "내 마음은 바다요" "내 마음은 폭풍이요"라고 하면 내 마음의 의미는 바다가 되고 폭풍이 된다. 거꾸로 "저 호수는 내 마음이다"라고 하면 호수의 의미는 내 마음이 된다. "저 바다는 내 마음이다" "저 폭풍은 내 마음이다"라고 하면 바다나 폭풍의 의미는 내 마음이 된다. 이렇듯 말은 비유를 통해 의미를 서로 주고받는다. 말의 의미에 대한 해석은 꼬리에 꼬리를 물고 이어진다. '말하는 말이 말하는 말'이라는 해석학적 순환이 일어난다.

세계는 말하지 않는다. 오로지 우리가 말할 뿐이다.

_로티, 《우연성, 아이러니, 연대》

자아도 우연성을 지닌다. 사람이 하는 말이 필연적이지 않고 우연적이므로 말을 하는 사람 역시 필연적 존재가 아니라 우연한 존재다. 인간은 세계를 인식하는 능력이나 의무를 가지고 세계를 필연적으로 발견하는 주체가 아니다. 자아란 언어와 마찬가지로 세계를 반영하는 거울이 아니다. 확실한 진리를 찾아 무너지지 않는 삶의 토대를 세워야 한다는 불안이나 강박에 얽매인 플라톤적, 데카르트적 자아가 아니다. 자아란 세계나 자신을 만들 수 있고 해석할 수 있으며 비유할 수 있는 주체다. 진리를 발견하는 게 아니라 발명하는 니체적, 프로이트적 자아다. 니체적 자아는 정해져 있지 않고 끊임없이 창조하고 초월하는 초인적 자아다. 초인적 자아는 '나를 창조하는 나를 창조하는 나'를 창조한다. 프로이트도 고정되지 않고 꿈틀거리고 어디로 튈지 모르는 자아를 말한다. 프로이트적 자아는 끊임없이 억압에서 해방되어 한없이 다양한 모습을 보이는 무한한 자아다. 무한한 자아는 '나를 해방하는 나를 해방하는 나'를 해방한다.

공동체도 필연적이지 않고 우연적이다. 로티는 어떤 행위나 주장이 진리인지 아닌지가 아니라 우리 삶에 유용한지 아닌지 따져야 하며, 유용하다면 정당하고 유용하지 않으면 정당하지 않다고 판단한다. 정당화는 대화를 통한 합의로 이루어진다. 공동체도 공통의 목표에 대한 필연적 진리 인식을 추구하는 통일체universitas가 아니라 규칙을 통해 대화하고 합의하는 사교체societas를 추구해야 한다. 사교체에는 공통의 목표 없이 대화를 통해 해석하고 합의하는 공통의 규칙만 있다. 공통의 목표에 대한 진리 인식을 토대로 행위나 주장의 진리 여부를 판단하지 않고, 규칙에 따라 대화를 통해 행위나 주장의 의미를 해석하고 합의해나가는 공동체, 인식론적 태도가 아니라 해석학적 태도를 지니는 집단이다. 사교체는 세계나 자신을 창조하고 해석하며 비유할 수 있는 능력을 갖추었다. 진리에 대한 플라톤적, 데카르트적 불안이나 강박이 없는 니체적이고 프로이트적인 자유로운 공동체다. 사교체는 '사회를 만드는 사회를 만드는 사회'다.

자유롭고 우연한 자신이 그러한 자신을 창조하고 자유롭고 우연한 자기 삶이 그러한 자기 삶을 창조하며, 자유롭고 우연한 자신이 그러한 자기 삶을 창조하고 자유롭고 우연한 자기 삶이 그러한 자신을 창조하는 우리의 삶은 자유롭고 우연한 창조의 대상이 자유롭고 우연한 창조의 주체가 되는 참으로 자유로운 아이러니다. 마우리츠 코르넬리스 에셔Maurits Cornelis Escher의 〈그리는 손〉은 손을 그리는 손을 그리는 손의 아이러니를 잘 보여준다. 이러한 아이러니가 곧 우리라는 존재이고 우리가 사는 삶이다.

고통을 나누는 고통을 나누는 고통의 우연,
아이러니 그리고 연대

자유롭고 아이러니한 공동체의 영웅이란 거창하고 추상적이고 유일한 필연적 진리를 실현하는 계몽주의적인 사람들이 아니다. 아주 보잘것없는 구체적인 우연한 세계와 자기 삶을 창조하는 시인 또는 혁명가가 아이러니한 공동체의 영웅이다. 바로 아이러니스트다. 이 공동체의 구성원은 각자 필연적 진리를 찾는 게 아니라 우연한 고통을 중심으로 연대한다. 인간의 작고 구체적인 고통과 억압이 인간을 통해 줄어들 것이라는 희망을 품고 연대하는 평범한 작은 사람들이 바로 참된 영웅이다. 의미를 부여하는 주체와 대상이 서로를 만들어나가듯 공동체도 서로가 서로를 만들어나가는 연대로 형성된다. 태양이 아닌 너에게로 다가가는 마음으로.

거창한 행복이 아니라 작고 확실한 행복을 추구하는 '소확행'은 로티의 주장과 연결되는 지점이 있다. 하지만 소확행은 원래 거창한 행복을 추구하지만 쉽게 이룰 수 없으니 어쩔 수 없이 작은 행복을 추구한다는 점에서 한계가 있는 마음가

짐이다. 로티는 추상적인 진리를 작고 구체적인 것들로 대체하지 말고 포기하라고 말한다. 크고 거창한 행복은 불가능하고 그것을 추구하는 건 옳지 않다. 작은 행복이 진정한 행복의 전부이기 때문이다. 소확행의 태도로는 연대가 일어날 수 없다. 연대의 힘인 작은 것들의 고통을 진심으로 들여다볼 수 없기 때문이다.

나를 다른 사람과 [연대]하게 하는 것은 공통의 언어[진리]가 아니라 고통에 대한 감수성[이다].

_로티, 《우연성, 아이러니, 연대》

'작은 것들을 위한 시'와 아이러니의 철학

작은 것 vs 아이러니

BTS는 태양이 아닌 너에게로 날아가길 원한다. 왜일까? 저 높이 있는 거대한 태양보다 이곳에 있는 사랑하는 '작은 너'가 더 소중해서다. BTS에게 태양이 아닌 너에게로 날아가 길 원하는 삶은 어떤 것일까? 네 전부를 함께하고 싶어 평생을 기다리고, 삶이 온통 너로 가득 차며, 하나부터 열까지 너의 모든 게 특별하게 느껴지는 삶, 너의 사소한 것을 사소하지 않게 여기며, 너의 관심사와 걸음걸이, 말투와 사소한 습관까지 소중하게 느끼는 삶이다. 세계의 평화나 거대한 질서를 추구하고 지키는 영웅보다 그저 사랑하는 작은 소년으로 그저 널 지키고 싶어 하는 자유로운 작디작은 삶이다.

로티는 자유로운 아이러니스트가 되라고 한다. 왜일까? 작디작은 이들의 고통에 선뜻 작은 손을 내미는 연대가 아름 다워서다. 로티에게 자유로운 아이러니스트로 사는 삶은 어떤 것일까? 말이든 자아든 공동체든 모든 게 우연이고 아이러니라는 것을 깨닫고, 거창하고 추상적인 불변의 진리를 추구하지 않는 삶, 작디작은 이들의 고통을 나누는 공동체를 실현하려 연대하는 자유로운 작디작은 삶이다.

작은 것들을 위한 시
: "연탄재 함부로 발로 차지 마라
너는 누구에게 한 번이라도 뜨거운 사람이었느냐"[5]

독수리가 토끼를 낚아채려고 하늘에서 쏜살같이 내려오고 있었다. 두려움에 꼼짝하지 못하던 토끼가 옆에 있는 쇠똥구리에게 도움을 요청했다. "도와주세요, 제발!" 쇠똥구리는 토끼를 차마 외면할 수 없었다. 그래서 눈앞까지 내려온 독수리의 앞을 가로막고 말했다. "불쌍한 토끼를 살려주세요, 제발!" 독수리는 작디작은 쇠똥구리를 기가 막히다는 듯 내려다보며 말했다. "썩 비켜라. 너 같은 작디작은 것이 감히 나를 가로막다니!" 독수리는 쇠똥구리의 애원에도 아랑곳하지 않고 토끼를 낚아채 하늘 높이 날아갔다. 쇠똥구리는 독수리를 향해 고함쳤다. "두고 봐. 후회할 날이 올 거야." 독수리는 코웃음을 쳤다. "그래, 할 수 있으면 해봐라. 작디작은 너 같은 놈이 감히 무얼 할 수 있다고 큰소리치는 거냐. 두고 보자는 놈치고 무서운 놈 없더라."

산란기가 되자 독수리는 높은 나무 위 둥지에 알을 낳았다. 쇠똥구리는 독수리가 먹이를 구하러 갔을 때 기를 쓰고 나무에 올라가 온 힘을 다해 알을 굴려 떨어뜨렸다. 독수리가 아무리 높디높은 나무 위에 알을 낳아도 아무런 소용이 없었다. 독수리는 하늘의 신인 제우스를 찾아가 도움을 요청했다. 제우스는 신통한 생각을 해냈다. "내 무릎 위보다 더 안전한 곳이 있겠느냐? 내 무릎 위에 알을 낳아라." 독수리는 제우스의 무릎 위에 알을 낳고 안심하며 날아갔다. 그러자 쇠똥구리는 쇠똥을 굴려 동그랗게 만들어서는 하늘 높이 날아올라 제우스의 무릎 위에 떨어뜨렸다. 제우스는 더러운 쇠똥이 무릎에 떨어지자 화들짝 놀라 일어났다. 그 바람에 독수리 알도 굴러 떨어져 보기 좋게 깨져버렸다. 독수리는 쇠똥구리의 애원을 무시한 것을 뒤늦게 후회했다.[6]

이솝 우화 〈독수리와 쇠똥구리〉 이야기다. "업신여김을 당하고도 전혀 앙갚음하지 못할 정도로 힘이 없는 존재는 없으므로 누구도 하찮게 여겨서는 안 된다." 사람들이 일반적으로 이 이야기에서 얻는 교훈이다. 무엇보다 눈길을 끄는 것은 쇠똥구리의 앙갚음보다 작디작은 존재인 쇠똥구리가 작디작은 존재인 토끼의 고통을 모른 체하지 않고 선뜻 손을 내미는 연대의 태도다. 진정한 영웅은 대군을 이끌고 세계를 휩쓸고 다니며 평화로운 남의 나라를 정복한 알렉산더나 시저나 칭기즈칸이 아니다. 거창한 정치적 이념이나 종교적 진리를 내걸고 세상을 뒤엎거나 정복하려던 혁명가와 십자군 전사도 아니다. 진정한 영웅은 우연하고 아이러니한 온갖 작디작은 존재의 고통에 눈감지 않고 작은 손을 선뜻 내밀어 연대하는 이름 없는 작디작은 자유로운 아이러니스트들이다. 쇠똥구리처럼.

누구나 살다 보면 거창한 이념이나 진리를 믿고 따르고

싶을 때가 있다. 하지만 거창한 이념이나 진리만 믿고 따르려는 사람에겐 자유로운 작디작은 삶은 없다. 하나부터 열까지 너의 모든 게 특별하게 느껴지고, 너의 사소한 것을 사소하지 않게 여기는 삶은 없다. 함께 "산책을 하고 차를 마시고 책을 보고 생각에 잠기고 친굴 만나고 전화를 하고 해가 저물면 둘이 나란히 지친 몸을 서로에 기대며 그날의 일과 주변 일들을 얘기하다 조용히 잠들고 싶어" 하는 삶은 그에겐 없다.[7] 세계의 평화나 거대한 질서를 추구하고 지키는 영웅보다 그저 사랑하는 작은 소년으로 그저 널 지키고 싶어 하는 자유로운 작디작은 삶은.

모든 게 궁금해 How's your day
Oh tell me
뭐가 널 행복하게 하는지
Oh text me[8]

.

.

.

.

.

You with luv!

자유는 고통에 손 내미는 작은 연대다
거창한 이념이나 진리만 믿고 따르려는 이에겐
사소한 것을 사소하지 않게 여기는 삶은 없다

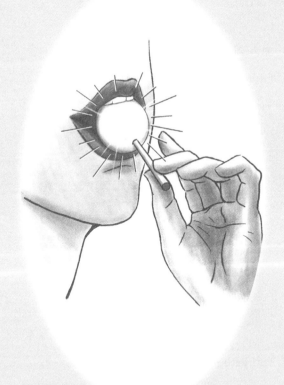

◆

BTS vs 쿤

'We On'과
혁명의 철학

Philosophy

Freedom

Dancing

Being

Wake up

Uniqueness

Love Myself

| # We On

Whatever they say, I'm here for my muzik
here for my muzik, here for my muzik
Whatever ma haters say, I'm real for my muzik
real for my muzik, real for my muzik

런치란다와 랩몬, 모두 나의 일부
또래 랩퍼 지망생들의 질투
어차피 너희들은 보고 싶은 것만 보지
멍청한 어린 꼰대들 가방끈이 짧아, 7부
니가 귀염을 토할 때 난 기염을 토해
열등감에 찬 저 모두까기 인형들 또 내
선글라스, 내 헤어스타일, 내 이름 모두를 까 내리지
현실 찐따들의 비극적인 코미디

숨이 턱턱 막히게 널 덮쳐버리는 내 랩
좀 텁텁하고 섭섭해하던 널 단번에 벙쪄버리게 해
이렇게 뻑뻑한 가요계가 싫다면서 벅벅
머리 긁는 애들의 척 척, I know you 썩썩
Damn 팬, 대중, 매니아 yeah I'm makin' em mine
빅힛과 방탄소년단 yeah I'm makin' em shine
이름값을 해낼 훌리건, 바란 적 없어 홀인원
Yeah I wanna be the one, 넘버원이 아닌 only one
Swag

난 널 몰라 또 넌 날 몰라 제발 닥쳐주겠니
나는 걱정 마, 좋아 너보다 앞으로도 그럴 테지
예전부터 날 무시했던 친구들 다 어디 있어 we on
이건 장난 같은 게 아냐 보여줄게 I promise ya, we on

(Gimme dat, real fact) 보여줄게 I promise ya, we on
(Gimme dat, real fact) 보여줄게 I promise ya, we on

Whatever they say, I'm here for my muzik
here for my muzik, here for my muzik
Whatever ma haters say, I'm real for my muzik
real for my muzik, real for my muzik

Oh oh my haters 좀 더 욕해줘
키보드 워리어, 노력해 좀
그래 그렇게 무시해줘
네가 틀렸단 걸 증명하는 게 취미예요
Uh 논란되는 실력, 날 속단하긴 일러
I'm killa 잭 더 리퍼 날 세운 혀로 널 찔러
I'm illa 난 게을러도 너보다는 바빠, 찔려?

데뷔 전 무시하던 hater
힙부심 가득한 너는 이젠 내 밑에 있어
잘 봐라 나는 메이저 부럽지 hey chaser
내가 보기엔 따라오기엔 벅차, 그냥 거기 있어
내 손으로 직접 내린 이 가사는 핸드 드립
연습생 졸업했지, celebrate
난 랩 블랙 벨트, 너흰 그냥 그린 벨트
발전이 없어 hey guys 좀 더 열폭을 해

난 널 몰라 또 넌 날 몰라 제발 닥쳐주겠니
나는 걱정 마, 좋아 너보다 앞으로도 그럴 테지
예전부터 날 무시했던 친구들 다 어디 있어 we on
이건 장난 같은 게 아냐 보여줄게 I promise ya, we on
(Gimme dat, real fact) 보여줄게 I promise ya, we on
(Gimme dat, real fact) 보여줄게 I promise ya, we on

2 COOL 4 SKOOL 활동은 기립 박수
이건 코웃음 치던 애들에게 던지는 한 수

"축하해" 퍼이나 인맥을 위한 고정 멘트
그런 거라면 네 "감"은 썩었어, 도려내
Uh 이젠 급이 달라진 놈,
he knows and she knows
모두의 관심 대상 1호, 감탄은 일러 지켜봐 내 미래
네가 무시한 만큼 난 성공의 길로 진행

난 널 몰라 또 넌 날 몰라 제발 닥쳐주겠니
나는 걱정 마, 좋아 너보다 앞으로도 그럴 테지
예전부터 날 무시했던 친구들 다 어디 있어 we on
이건 장난 같은 게 아냐 보여줄게 I promise ya, we on
(Gimme dat, real fact) 보여줄게 I promise ya, we on
(Gimme dat, real fact) 보여줄게 I promise ya, we on

Whatever they say, I'm here for my muzik
here for my muzik, here for my muzik
Whatever ma haters say, I'm real for my muzik
real for my muzik, real for my muzik

작사·작곡 RM, 제이홉, 슈가, Pdogg
노래 BTS

넘버원이 아닌
only one

〈We On〉의 핵심 노랫말은 "넘버원이 아닌 only one"이다. 〈We On〉은 자기만의 생각의 틀, 패러다임을 갖는 게 소중하다고 이야기하는 노래다. 사람들이 뭐라 말하든 나는 나만의 패러다임으로 내 음악을 추구하며 계속 나아가겠다. 또래들은 나를 질투한다. 하지만 어차피 너희는 너희 패러다임으로 보고 싶은 것만 본다. 내 랩은 숨이 턱턱 막히게 널 덮쳐버리고 널 단번에 벙쪄버리게 한다. 난 넘버원이 아닌 더 원, 온리 원을 원한다. 나만의 생각의 틀, 패러다임이라는 열쇠 말로 노랫말을 풀어보자.

사람들이 뭐라 말하든, 나를 싫어하는 이들이 뭐라고 말하든 나는 정말로 내 음악을 추구하며 계속 나아가겠다. 런치란다와 랩몬은 모두 나의 일부다. 또래 래퍼 지망생들은 나를 질투한다. 하지만 어차피 너희는 너희 패러다

233   'We On'과 혁명의 철학

임으로 보고 싶은 것만 본다. 너희가 귀여운 질투를 토해 낼 때 난 기염을 토한다. 너희는 열등감에 찬 모두까기 인형이다. 하지만 내 랩은 숨이 턱턱 막히게 널 덮쳐버리고 조금은 텁텁하고 섭섭해하던 널 단번에 벙쪄버리게 한다. 난 대중을 내 팬으로 만들고, 방탄소년단과 빅히트를 빛나게 만든다. 난 넘버원이 아닌 더 원, 온리 원을 원한다. 난 내 패러다임으로만 널 보니 널 모르고 넌 네 패러다임으로만 날 보니 날 모른다. 걱정 마라. 앞으로도 잘나갈 테니까. 예전부터 날 무시했던 친구들에게 보여주겠다. 우리는 우리만의 패러다임으로 계속 나아갈 걸 약속한다. 나를 싫어하는 이들아, 좀 더 욕해줘라. 그래 그렇게 무시해줘라. 네가 틀렸단 걸 증명하는 게 내 취미다. 내 실력을 두고 논란이 있지만, 날 속단하긴 이르다. 난 게을러도 너보다는 바쁘다. 잘 봐라. 부럽지, 도전자야. 내 손으로 직접 내린 이 가사는 핸드 드립이다. 난 넘버원이 아닌 더 원, 온리 원을 원한다.

데뷔 싱글 앨범인 《2 COOL 4 SKOOL》 활동은 기립 박수를 받았다. 이건 코웃음 치던 애들에게 던지는 한 수다. 난 이젠 급이 달라진 놈이다. 그도 알고 그녀도 알고 모두가 안다. 난 모두의 관심 대상 1호다. 감탄은 이르다. 지켜봐라, 내 미래를. 우리는 우리만의 패러다임으로 계속 나아갈 걸 약속한다. 사람들이 뭐라고 말하든, 나를 싫어하는 이들이 뭐라고 말하든 나는 정말로 내 음악을 추구하며 계속 나아가겠다. 난 넘버원이 아닌 더 원, 온리 원을 원한다.

〈We On〉은 학교 3부작의 두 번째 앨범 《O!RUL8,2?》
에 실린 노래다. 데뷔 앨범이자 학교 3부작의 첫 번째 앨범
《2 COOL 4 SKOOL》이 "꿈도 없이 살아가는 사람들에게 일
침"을 가했다면, 《O!RUL8,2?》는 "과연 지금의 삶이 행복한
가에 대한 물음"을 던지고 "더 늦기 전에 자신의 행복과 인
생을 찾아야 한다는 메시지"를 전하며 우리에게 묻는다.[1]
"O!RUL8,2? Oh! Are you late, too?" 〈We On〉은 자신들의
틀로 BTS를 디스하는 사람들에게 맞서 나만의 틀로 나만의
음악을 추구하며 계속 나아가겠다고 노래한다. 이 노래의 주
제를 잘 보여주는 소설이 있다. 서머싯 몸Somerset Maugham의
소설 《달과 6펜스The Moon and Sixpence》다.[2] 이 소설은 자신
만의 화풍을 찾아 순수 원시 세계 타히티섬으로 떠난 화가 폴
고갱의 삶을 바탕으로 쓴 것이다.

달과 6펜스 사이

소설 속 주인공 스트릭랜드는 런던에서 단란한 가정을
꾸리며 사는 평범한 주식 중개인이다. 어느 날 그는 모든 것
을 버리고 그림을 그리러 파리로 떠난다. 40대 중반이 넘은 나
이에. 하지만 그림만 그리며 살아가는 삶은 매우 고달프다. 그
에게 남은 것은 팔리지 않는 그림과 굶주림, 질병뿐이었다. 그
를 불쌍히 여긴 어느 그림 중개인이 그를 자기 집으로 데려와

보살핀다. 스트릭랜드는 건강과 열정을 되찾고 그림 중개인의 아내와 사랑에 빠진다. 이루어질 수 없는 사랑으로 괴로워하던 그녀는 결국 음독자살한다. 충격을 받은 그는 파리 생활을 청산하고 자연의 순수한 영혼이 담긴 자신만의 그림을 그리려 자연의 섬 타히티로 떠난다. 그곳에서 모든 열정을 쏟아부어 그림을 그린다. 마침내 그는 오두막 벽에 자신만의 그림을 완성하고 자신과 오두막을 불태워달라는 유언을 남기고 죽는다.

스트릭랜드는 물질을 추구하는 삶을 과감히 포기하고 이상을 추구하는 삶을 선택한다. 물질을 추구하는 패러다임이 지배하는 사회에서 사람들은 가장 많은 물질을 소유한 넘버원이 되기 위해 노력한다. 하지만 스트릭랜드가 보기에 물질을 추구하는 삶은 6펜스와 같은 싸구려 삶이며, 예술가의 삶이야말로 아름답고 고상한 달처럼 가치 있는 삶이다. 그는 유행만 좇는 천박한 그림이 아니라 자신만의 화풍을 찾으려 한다. 그는 자신만의 패러다임으로 더 원, 온리 원으로 살기 원했던 것이다.

BTS도 더 원, 온리 원이 되기를 꿈꾼다. 그림을 그리는 사람에게도, 노래하는 사람에게도 그 시대가 요구하는 지배적인 화풍과 스타일이 있다. 대부분은 그 스타일을 받아들이고 그 패러다임을 통해 넘버원이 되기를 꿈꾼다. 하지만 BTS는 노래한다. 주어진 틀에서 벗어나 자신만의 스타일, 음악의 패러다임을 새롭게 창조하겠다고. 사람들이 뭐라 말하든 나만의 음악을 추구하며 계속 나아가겠다고. 넘버원이 아닌, 더 원,

온리 원을 원한다고. 당신은 달과 6펜스 사이 어디쯤 살고 있는가?

|

Whatever they say,

I'm here for my muzik (…)

Whatever ma haters say,

I'm real for my muzik (…)

어차피 너희들은 보고 싶은 것만 보지 (…)

숨이 턱턱 막히게 널 덮쳐버리는 내 랩 (…)

Yeah I wanna be the one,

넘버원이 아닌 only one

_BTS, 〈We On〉

과학은 혁명한다

BTS의 노래 〈We On〉에 담긴 주어진 삶의 틀에 안주하는 태도에 대한 비판을 잘 보여주는 철학은 토머스 쿤Thomas Kuhn의 패러다임의 철학이다. 쿤은 《과학혁명의 구조》에서 이렇게 말한다.

> 과학혁명이란 지금까지의 패러다임을 그것과 양립할 수 없는 새 패러다임이(…) 대체하는(…) [혁명적인] 사건이다. (…) 모든 새로운 [과학]이론(…)은 지금까지의 [과학] 패러다임(…)을 [철저히] 무너뜨렸다.
>
> _쿤, 《과학혁명의 구조》[3]

과학철학자 쿤의 패러다임 철학은 이른바 '혁명의 철학'이다. 과학은 혁명한다고 그는 주장한다. 이 주장은 혁명적이다. 사람들은 과학이 앞선 과학을 이어받아 발전한다고 믿었기 때문이다. 과학의 역사는 세계에 대한 새로운 과학 '지식'을 찾아 차곡차곡 쌓아 올리는 과정이라고 믿었다. 하지만 세계에 대한 과학 '지식'은 세계를 바라보는 틀, 곧 패러다임에 따라 달라진다. 쿤은 과학 '지식'보다 그 지식에 결정적 영향을 미치는 '패러다임'에 주목해 과학의 역사를 연구했다. 그는 과학의 역사가 지금까지 지배하던 과학 '패러다임'을 무너뜨려 새로운 지배적인 과학 '패러다임'을 창조하는 거듭된 혁명의 역사라는 것을 밝혀냈다.

쿤의 패러다임 철학은 과학에 대한 상식을 뒤흔드는 혁명적인 사건이었다. 이는 과학이 무엇인지, 과학적 지식이 무엇인지에 관한 상식을 무너뜨렸다. 그때까지 과학이나 과학 지식에 대한 생각은 검증주의나 반증주의에 기대고 있었다. 경험을 통해 검증되거나 반증될 수 있는 지식만이 과학 지식이라고 믿었다.

하지만 쿤은 검증주의와 반증주의에 맞서 패러다임주의를 내세웠다. 쿤은 검증주의든 반증주의든 모두 경험에 의존하는데, 그들이 모든 경험은 세계를 보는 틀, 패러다임에 의해 결정적 영향을 받는다는 점을 주목하지 못했다고 비판한다. 예를 들어 천동설이라는 틀로 보면 해가 동쪽에서 서쪽으로 도는 것으로 관찰되지만, 지동설이라는 틀로 보면 지구가 서쪽에서 동쪽으로 도는 것으로 관찰되고 경험된다. 어떤 선입견에도 영향받지 않는 순수한 관찰 경험은 존재하지 않는다.

관찰[경험]은 이론[패러다임]에 의존한다. 어떠한 [이론]

을 가지고 관찰[경험]을 하느냐에 따라 그 결과가 달라
진다.

_쿤,《과학혁명의 구조》

패러다임은 평행 우주
: 양립할 수도 비교할 수도 번역할 수도 없다

패러다임이란 사물과 현상을 이해하거나 설명하는 생각
의 틀이다. 한마디로 사물을 보는 관점이나 방식이다. 과학 패
러다임이란 '무엇이 과학적 문제인지, 무엇이 해법인지 그 시
대의 과학자 집단이 공통으로 이해하는 틀'이다. 서로 다른 패
러다임은 무엇이 문제인지에 대한 생각부터 아예 다르며, 문
제를 해결하는 방법도 다르고 그 결과를 평가하는 기준도 다
르다. 예를 들어 옛날 과학자들은 어떤 물질이 타는 까닭은
그 물질에 불을 붙게 하는, 불꽃이란 뜻을 지닌 플로지스톤
phlogiston이란 물질이 들어 있기 때문이라고 여겼다. 이른바
플로지스톤 패러다임이다. 이 패러다임으로 물질이 타는 현상
을 관찰하면, 타고 난 뒤 물질의 질량은 빠져나간 플로지스톤
양만큼 줄어드는 것으로 보인다. 그래서 과학자들은 플로지스
톤의 질량을 재려고 했다. 오늘날 과학자들은 어떤 물질이 타
는 까닭은 그 물질 밖에 있는 산소와 결합하기 때문이라고 생
각한다. 이른바 산소 패러다임이다. 이 패러다임으로 물질이
타는 현상을 관찰하면, 타고 난 뒤 물질의 질량은 변함이 없는
듯 보인다. 그래서 과학자들은 더 이상 물질에 들어 있는 플로

지스톤의 질량을 재려고 하지 않는다. 이처럼 패러다임이 다르면 과학이 해결할 문제에 대한 생각도 다르다.

　서로 다른 패러다임은 천동설과 지동설처럼 양립할 수 없다. 둘을 동시에 받아들일 수 없기 때문이다. 해가 지구 둘레를 돌든가 지구가 해 둘레를 돌든가 둘 가운데 하나여야 한다. 또 서로 다른 패러다임은 관찰 경험 같은 공통의 기준으로 비교해 무엇이 더 나은지 평가할 수 없다. 하루 동안 해의 위치가 바뀌는 현상에 대한 관찰 경험만으로 천동설이 더 나은지, 지동설이 더 나은지 평가할 수 없다. 오히려 관찰 경험이 패러다임에 의존한다. 어떤 패러다임으로 보느냐에 따라 서로 다르게 관찰되고 경험된다. 천동설로 보면 해가 동쪽에서 서쪽으로 도는 것으로 관찰 경험되지만, 지동설로 보면 지구가 서쪽에서 동쪽으로 도는 것으로 관찰 경험된다.

　서로 다른 패러다임은 양립할 수 없고, 비교할 수 없을 뿐만 아니라, 아예 서로 번역할 수조차 없다. 서로 다른 패러다임은 사용하는 개념의 의미도 다르다. 예를 들어 뉴턴 물리학의 패러다임에서 공간은 휠 수 없으며, 공간이 휜다는 것은 원이 모나다는 말처럼 모순된 것이어서 도무지 이해할 수 없다. 반면 아인슈타인 물리학의 패러다임에서 공간은 휠 수 있다. 시간이란 개념도 마찬가지다. 뉴턴 물리학의 패러다임에서 시간은 늘어나거나 줄어들 수 없으며, 시간이 늘어나거나 줄어든다는 것은 네모가 둥글다는 말처럼 모순된 말이어서 도무지 이해할 수 없다. 반면 아인슈타인 물리학의 패러다임에서 시간은 늘어나거나 줄어들 수 있다. 아인슈타인은 공간이나 시간 개념을 뉴턴과 완전히 다른 뜻으로 사용한다. 서로 다른 패러다임을 가지고 있는 과학자들은 제대로 대화를 나눌 수 없다. 그렇다면 양립할 수 없고, 비교할 수 없으며, 번역할 수조차 없는 서로 다른 패러다임은 어떻게 결정될까? 패러다임을 결정하는 객관적인 기준은 없고, 그 시대의 과학자 공동체가 결정한다. 마치 생명체같이 과학자 공동체에서 생겨나서 번성하다 쇠퇴해 새로운 패러다임으로 교체된다. 쿤은 다음과 같이 과학의 역사를 패러다임의 역사로 재구성한다.

혁명은 어렵다
: 지키려는 욕망과 바꾸려는 욕망,
그리고 지켜보려는 욕망의 삼중주

과학의 시대 이전에도 넓은 의미의 과학적 활동은 이루어졌지만 고만고만한 여러 패러다임이 서로 겨루었을 뿐, 지배적인 것은 없었다. 여러 패러다임이 경쟁해 과학자 공동체에 지배적인 하나의 패러다임이 생겨났을 때 비로소 참된 과학의 시대가 시작되었다. 쿤은 과학자 공동체가 지배적인 하나의 패러다임에 따라 과학 지식을 만드는 것을 정상 과학normal science이라 부른다. 정상 과학을 하는 과학자들은 매우 보수적인 태도를 지닌다. 주어진 패러다임을 그대로 받아들이며 아무도 의심을 품지 않는다. 심지어 그 패러다임과 맞지 않는 변칙 사례가 나타나도 보조 가설로 설명하거나 아직은 설명할 수 없는 단순한 예외 사례로 여겨 기존 패러다임을 고수한다.

하지만 이러한 예외 사례가 자꾸 쌓이면 지배적인 패러다 임은 지위가 흔들리며 위기를 맞는다. 그럼에도 지배적인 새 로운 대안 패러다임이 나타나기 전에는 곧바로 무너지지 않 는다. 지배적인 패러다임이 위기를 맞으면 새로운 패러다임들 이 나타나 경쟁하기 시작한다. 새로운 패러다임에 따라 과학 지식을 만드는 과학을 경쟁 과학이나 혁명 과학이라 부른다. 경쟁 과학이나 혁명 과학을 하는 과학자들은 매우 진보적이 고 혁명적인 태도를 지닌다. 그들은 정상 패러다임에 맞지 않 는 관찰 경험이 나타나면 예외로 두지 않고 새로운 패러다임 으로 설명하려고 한다. 이러한 여러 새로운 패러다임이 등장 해 지배적인 패러다임과 경쟁한다. 이 경쟁은 과학 공동체의 보수적인 태도 때문에 인정받기 쉽지 않고 매우 눈물겹다. 그 럼에도 그 가운데 하나가 과학자 공동체에 지배적인 새로운 대안 패러다임으로 받아들여지면 기존 패러다임을 무너뜨리 고 새로운 정상 과학이 된다. 이 과정을 과학혁명이라고 부르 며 이 과정은 되풀이된다.

삶도 마찬가지다. 사람들은 주어진 지배적 삶의 틀에 맞 춰 '정상적' 삶을 살아간다. 그 틀 속에서 넘버원이 되기 위해 서로 다툰다. '정상적' 삶을 살아가는 사람들은 매우 보수적인 태도를 지닌다. 그들은 주어진 삶의 틀을 그대로 받아들이며 아무도 의심을 품지 않는다. 살다 보면 그 삶의 틀로 설명할 수 없는 삶의 현상이 나타난다. 그럼에도 사람들은 그 틀을 쉽 게 버리려 하지 않는다. 그 대신 보조 가설로 변명하려 하거나 어쩌다 생긴 예외 사례로 여긴다.

이러한 예외 사례가 자꾸 쌓이면 지배적인 삶의 틀이 위기를 맞지만, 지배적인 새로운 삶의 틀이 대안으로 나타나기 전에는 곧바로 무너지지 않는다. 지배적인 삶의 틀이 위기를 맞으면 새로운 삶의 틀들이 나타나 경쟁하기 시작한다. 새로운 삶의 틀을 추구하는 사람들은 매우 진보적이고 혁명적인 태도를 지닌다. 그들은 기존 삶의 틀에 맞지 않는 현상이 나타나면 예외로 두지 않고 새로운 삶의 틀로 설명하려고 한다. 새로운 삶의 틀은 공동체의 보수적인 태도 때문에 인정받기 매우 어렵다. 따라서 새로운 삶의 틀은 목숨을 건 혁명을 통해 기존 틀을 무너뜨리고 공동체의 인정을 받는다. 그러면 사람들은 그 지배적인 새로운 삶의 틀에 맞추어 '정상적' 삶을 살아간다. 인간은 야누스처럼 지키려는 욕망과 바꾸려는 욕망을 모두 가지고 있다. 물론 지켜보려는 욕망도. 따라서 그 혁명의 과정은 끊임없이 되풀이된다. 지키려는 자는 '무시'하고, 바꾸려는 자는 틀렸다는 걸 '증명'하고, 지켜보는 자는 '감탄'하고, 또 무시하고 증명하고 감탄하며 삶의 혁명은 되풀이된다.

I

패러다임을 바꾸는 [혁명]은 종교를 바꾸는 것[만큼 어렵다]. (…) 하지만 이런 [기적적인] 개종은 인간임에도 일어나는 게 아니라 인간이기에 일어난다.

_쿤,《과학혁명의 구조》

{ }

my muzik vs 패러다임

BTS는 넘버원이 아닌 온리 원을 원한다. 왜일까? 넘버원이 되지 못한 열등감에 모두를 까 내리는 비극적인 코미디를 만들고 싶지 않아서다. BTS에게 넘버원이 아닌 온리 원을 원하는 삶이란 어떤 것일까? 사람들이 뭐라 말하든 내 음악을 추구하며 계속 나아가는 삶, 숨이 턱턱 막히게 널 덮쳐버리고 널 단번에 벙쪄버리게 하는 랩을 만들어 이름값을 해내는 삶이다. 예전부터 날 무시했던 친구들에게 나만의 패러다임으로 계속 나아갈 걸 약속하고, 욕을 하는 이와 무시하는 이에게 네가 틀렸다는 걸 증명하는 삶, 내 손으로 직접 가사를 내리는 핸드 드립을 하며 나만의 틀로 사는 자유로운 나만의 삶이다.

쿤은 나만의 패러다임을 추구하라 한다. 왜일까? 주어진 틀에 얽매여 남의 삶을 살 듯 살고 싶지 않아서다. 쿤에게 나만의 패러다임을 추구하는 삶은 어떤 것일까? 보는 것은 늘 틀에 따라 달리 보인다는 점을 명심하고, 세상을 볼 때는 내가 어떤 '주어진 틀'로 보는지 비판적으로 살피는 삶이다. 기존 삶의 틀에 맞지 않는 현상이 나타나면 새로운 틀로 설명하려고 시도하는 삶이다. 나만의 패러다임으로 세상을 보지 않으면, 남이 정해준 방식으로 세상을 보는 남의 삶을 살게 된다는 것을 명심하고, 나만의 패러다임으로 사는 자유로운 나만의 삶이다.

두 얼굴의 사나이 걸리버
: 거인인 듯, 거인이 아닌 듯, 거인 같은

한 남자가 배를 타고 여행하다가 난파당해 외딴섬에 닿았는데, 그곳은 소인의 나라였다. 그들에게 그는 거인으로 보였다. 그들은 사소한 것을 가지고 다툰다. 이웃 나라가 쳐들어오자 그는 적을 물리치는 데 큰 도움을 준다. 하지만 그들이 이웃 나라를 쳐들어가자 도움 주기를 꺼려 그들에게 쫓겨난다. 다시 여행을 떠나 도착한 곳은 거인의 나라였다. 그들에게 그는 소인으로 보였다. 거인들은 그를 애완동물로 삼아 사람들에게 구경시키고 돈을 벌었다. 그들은 한없는 사치와 탐욕을 부렸다. 어느 날 큰 새가 그를 가두어놓은 새장을 물고 날아가다 바다 위에 떨어뜨리는 바람에 그는 지나가는 배의 도움을 받아 자기 나라로 돌아온다.

그가 다시 여행을 떠나 도착한 외딴섬에는 하늘을 날아다니는 섬이 있었다. 그 섬에는 수학과 과학을 맹신하는 과학자들이 살고 있었다. 그들은 양고기 요리도 등변삼각형으로 만들고 빵도 평행사변형으로 잘라 먹었다. 그들은 땅에서 사는 사람들의 가난한 삶에는 관심조차 없었다. 그는 인간미가 전혀 없는 그들에게 염증이 나서 자기 나라로 돌아온다. 다시 여행을 떠나 도착한 나라는 인간보다 지능이 뛰어난 말이 다스리고 있었다. 말들은 정직하고 평화로우며, 부유한 자와 가난한 자의 차이를 두지 않아 평등하게 살고 있었다. 하지만 그곳에 사는 인간들은 거짓말을 일삼고 결코 만족을 모르며, 비열하고 탐욕스럽게 살았다. 말은 인간을 '야후Yahoo'라 부르며 짐승으로 여겼다. 그는 이곳에도 적응하지 못하고 결국 자기 나라로 돌아온다.[4]

《걸리버 여행기》 이야기다. 원래 사회를 풍자하려고 쓴 어른을 위한 이야기다. 우리가 어릴 때 동화로 읽은 이야기는 주로 소인의 나라와 거인의 나라 이야기를 어린이를 위해 고쳐 쓴 것이다. 원작은 소인처럼 작은 것까지 다투고, 거인처럼 사치와 탐욕을 부리며, 과학자들처럼 탁상공론만 일삼으며 가난한 자들의 배고픔을 외면하고, 말들처럼 이상에 못 미치는 이들을 품어주지 못하는 등 평화롭지도 정의롭지도 평등하지도 너그럽지도 않은 사회를 비꼰다. 그러나 이 작품에서 무엇보다 눈길을 끄는 것은 그러한 풍자적 내용보다 이야기 틀이다. 네 가지 이야기는 세상을 보는 제각기 다른 틀을 상징한다. 제각기 다른 안경을 쓰고 세상을 보는 것이다.

소인의 틀로 보면 작은 것만 눈에 들어오며 모든 게 생각보다 커 보인다. 그래서 작은 것을 두고 크게 다툰다. 거인의 틀로 보면 큰 것만 눈에 들어오며 모든 게 생각보다 작아 보인다. 그래서 웬만한 것으론 만족할 줄 모른다. 과학자의 틀로 보면 과학적인 것만 눈에 들어오며 그 밖의 것은 모두 어설프고 쓸데없어 보인다. 말의 틀로 보면 이상적인 것만 눈에 들어오며 그 밖의 것은 모두 어리석고 모자라 보인다. 각자 세상을 보는 패러다임이 다르다. 아니, 패러다임에 따라 세상이 다르게 보인다. 걸리버는 거인일까, 소인일까? 걸리버는 보는 틀에 따라 달리 보이는 두 얼굴의 사나이다. 거인인 듯, 거인이 아닌 듯, 거인 같은.

누구나 살다 보면 주어진 틀로 세상을 이해하고 판단하기 쉽다. 하지만 주어진 틀로만 세상을 이해하고 판단하는 사람에겐 자유로운 삶은 없다. 사람들이 뭐라 말하든 내 음악을 추구하고 나만의 패러다임으로 계속 나아가는 삶, 내 손으로 직접 가사를 내리는 핸드 드립을 하며 나만의 틀로 사는 자유로운 나만의 삶은.

보여줄게 I promise ya, we on
보여줄게 I promise ya, we on
보여줄게 I promise ya, we on[5]

.
.
.
.

.

.

나는 걱정 마

I'm here for my life

자유는 새로운 패러다임을 만드는 혁명이다
주어진 틀로만 세상을 이해하는 이에겐
내 손으로 직접 내리는 핸드 드립의 삶은 없다

♦

BTS vs 버틀러

'상남자'와
젠더의 철학

Philosophy

Freedom

Dancing

Being

Wake up

Love Myself

Uniqueness

되고파 너의 오빠
너의 사랑이 난 너무 고파
되고파 너의 오빠
널 갖고 말 거야 두고 봐

왜 내 맘을 흔드는 건데
왜 내 맘을 흔드는 건데
왜 내 맘을 흔드는 건데
흔드는 건데 흔드는 건데

아빠, 아빤 대체 어떻게
엄마한테 고백한 건지
편지라도 써야 될런지
뭔지, 네 앞에서 난 먼지

괜히 틱틱대고 씩씩대고 징징대게 돼
나는 진지한데 찌질하게 시비나 걸게 돼
뭔데 신경 쓰여 다 큰 날 애로 만들어
거꾸로 뒤집을껴, 인연을 연인으로

대학까지도 너랑 간다면 참 잘 갈 것 같아
가나다라마바사아 하쿠나마타타
똑같은 프로필 사진 왜 자꾸 확인할까
그렇다고 착각하지 마 쉬운 남자 아냐

안달 났어 나 안달 났어
네가 뭔데?
너만 잘났어?

왜 나를 자꾸 놀려 놀려
너 이제 그만 hol' up hol' up

꽉 잡아 날 덮치기 전에
내 맘이 널 놓치기 전에
Say what you want
Say what you want
네가 진짜로 원하는 게 뭐야

꽉 잡아 날 덮치기 전에
내 맘이 널 놓치기 전에
Say what you want
Say what you want
네가 진짜로 원하는 게 뭐야

왜 내 맘을 흔드는 건데
왜 내 맘을 흔드는 건데
왜 내 맘을 흔드는 건데
흔드는 건데 흔드는 건데

겉으론 bad bad girl, 속은 더 bad bad girl
나 같은 남잘 놓치면 후회하게 될걸
메신저 확인해놓고 누르지 않는 너의 행위
'1' 자리 없어짐과 동시에 속만 타지 내비게이션이나 살까
봐
(빠름 빠름 빠름) 어필하려고 계속 난 (아둥 바둥 바둥)
진심? (I got'em) 뒷심? (I got'em)
내가 유일하게 갖지 못한 건 너의 (아름 아름다움)

이 내가 어떻게 변하면 되겠니, hol' up
밀당? 어장? 그런 거 난 잘 몰러
대신 아프면 119 말고 날 불러
네가 울라면 울어, 웃으라면 웃어, 구르라면 굴러

안달 났어 나 안달 났어
네가 뭔데?
너만 잘났어?
왜 나를 자꾸 놀려 놀려
너 이제 그만 hol' up hol' up

꽉 잡아 날 덮치기 전에
내 맘이 널 놓치기 전에
Say what you want
Say what you want
네가 진짜로 원하는 게 뭐야

꽉 잡아 날 덮치기 전에
내 맘이 널 놓치기 전에
Say what you want
Say what you want
네가 진짜로 원하는 게 뭐야

되고파 너의 오빠
너를 향한 나의 마음을 왜 몰라
나를 모른 척해도 차가운 척해도
널 밀어내진 못하겠어

되고파 너의 오빠
너의 남자가 될 거야 두고 봐
나의 마음이 네게 닿도록
지금 달려갈 거야

꽉 잡아 날 덮치기 전에
내 맘이 널 놓치기 전에
Say what you want
Say what you want
네가 진짜로 원하는 게 뭐야

꽉 잡아 날 덮치기 전에
내 맘이 널 놓치기 전에
Say what you want
Say what you want
네가 진짜로 원하는 게 뭐야

작사·작곡 Supreme Boi, RM, 슈가, 방시혁, Pdogg
노래 BTS

너의 남자가 될 거야
두고 봐

〈상남자〉의 핵심 노랫말은 "너의 남자가 될 거야 두고 봐"
다. 〈상남자〉는 남자다움이라는 고정된 성 정체성을 비판하는
노래다. 네 앞에서 난 먼지다. 괜히 틱틱대고 씩씩대고 징징대
게 된다. 찌질하게 시비나 걸게 된다. 안달 났다. 아등바등거
린다. 네가 울라면 울고, 웃으라면 웃고, 구르라면 구를 거다.
남자답지 못하고 찌질하지만 너의 아픔을 함께하는 따뜻한
너의 남자가 될 거다. 성 정체성 비판이라는 열쇠 말로 노랫말
을 풀어보자.

너의 오빠가 되고프다. 난 너의 사랑이 너무 고프다. 왜
내 맘을 흔드는 거냐? 도대체 네 앞에서 난 뭘까? 네 앞에
서 난 어깨에 힘준 상남자가 아니라 먼지다. 난 네 앞에서
괜히 틱틱대고 씩씩대고 징징대게 된다. 나는 진지한데
찌질하게 시비나 걸게 된다. 넌 뭔데 다 큰 날 애로 만든

다. 거꾸로 뒤집을 거다, 인연을 연인으로.

똑같은 프로필 사진을 왜 자꾸 확인할까? 그렇다고 착각 하지 마라, 난 쉬운 남자가 아니다. 난 안달 났다. 말해봐 라. 왜 내 맘을 흔드는 거냐? 네가 진짜로 원하는 게 뭐 냐? *(남자답지 못하고 찌질하지만 아픔을 함께하는 따뜻한, 있는 그대 로의 너를 원해!!!)*

나 같은 남자를 놓치면 후회하게 될 거다. 넌 메신저 확인 해놓고 누르지 않는다. 그러다 네가 확인해 '1'이 없어지 면 속만 탄다. 내비게이션이나 살까 보다. 어필하려고 계 속 난 아등바등한다.

내가 어떻게 변하면 되겠냐? 밀당? 어장? 그런 거 난 잘 모른다. 대신 아프면 119 말고 날 불러라. 네가 울라면 울 고, 웃으라면 웃고, 구르라면 구를 거다. 난 안달 났다. 말 해봐라. 네가 진짜로 원하는 게 뭐냐? *(남자답지 못하고 찌질 하지만 아픔을 함께하는 따뜻한, 있는 그대로의 너를 원해!!!)*

너의 오빠가 되고프다. 너를 향한 내 마음을 왜 모르냐? 나를 모른 척해도 차가운 척해도 널 밀어내진 못하겠다. 두고 봐라, 너의 진정한 남자가 될 거다. 나의 마음이 네 게 닿도록 지금 달려갈 거다. 내 맘이 널 놓치기 전에 날 꽉 잡아라. 말해봐라. 네가 진짜로 원하는 게 뭐냐? *(남자답 지 못하고 찌질하지만 아픔을 함께하는 따뜻한, 있는 그대로의 너를 원 해!!!)*

〈상남자〉는 학교 3부작을 완성하는 마지막 앨범《Skool

Luv Affair》에 실린 타이틀곡이다. 이 앨범은 "10대들의 사랑"을 노래한다.[1] 같은 앨범에 실린 〈등골브레이커〉가 물건에 대한 10대들의 사랑과 관련된 'Skool Luv Affair'를 비판적으로 노래한다면, 〈상남자〉는 또래에 대한 사랑과 관련된 'Skool Luv Affair'를 비판적으로 노래한다. 'Boy with Luv'라는 부제가 붙은 노래 〈작은 것들을 위한 시〉가 "작고 소박한" 성숙한 사랑을 노래한다면, 'Boy in Luv'라는 부제가 붙은 〈상남자〉는 "어린 시절의 치기 어린 사랑"을 노래한다.[2] 그럼에도 성숙한 사랑 못지않게 마초 같은 사랑에 대한 진지한 성찰과 비판을 담고 있다. 이 노래의 주제를 잘 보여주는 영화가 있다. 존 캐머런 미첼John Cameron Mitchell 감독의 뮤지컬 영화 〈헤드윅Hedwig and the Angry Inch〉이다.[3] 이 영화를 바탕으로 BTS가 노래 〈상남자〉로 전하고자 하는 메시지를 살펴보자.

나는 여자도 남자도 아니다
너와 함께 울고 웃는 헤드윅이다!

주인공 한젤은 록 음악을 열광적으로 좋아하는 동독 소년이다. 생물학적으로도, 사회적으로도 남자다. 하지만 그는 남자와 여자의 성 정체성을 함께 가지고 있는 안드로진androgyne이다. 그는 미군 남성 로빈슨을 사랑해 성전환 수술을 하고 헤드윅이란 여자가 된다. 그런데 의사가 남자 성기 1인치를 남겨 그는 '불완전한' 여자가 된다. 헤드윅은 로빈슨과 결혼해 미국으로 건너가지만 로빈슨은 바람을 피워 헤드윅을 떠난다.

헤드윅은 록 밴드를 만들어 여장한 남자 드래그 퀸drag queen으로 노래를 부르며 산다. _1_는 남아 있는 1인치의 남자 성기를 풍자해 록 밴드 이름을 '앵그리 인치'라 짓는다. 빼어난 실력에도 여장한 남자 가수는 공고한 양성 사회에서 그리 환영받지 못한다. 어느 날 그는 우연히 토미라는 소년을 만나 사랑하고 록을 가르쳐준다. 하지만 토미는 헤드윅의 노래를 훔쳐 록 스타가 된다. 헤드윅은 화가 나 토미의 전국 순회 콘서트를 따라다니며 작은 맞불 공연을 벌이지만 결국 '앵그리 인치'는 해체된다. 록 밴드가 해체된 후 몸을 팔며 살아가던 헤드윅은 우연히 토미와 다시 만나고, 둘의 관계가 언론에 알려진다. 이 사건으로 헤드윅은 유명해져 '앵그리 인치'는 활동을 재개한다. 영화는 스타가 된 헤드윅이 공연하는 도중에 여자 분장을 모두 벗어 던지고 알몸 그대로 노래하며 끝난다.

헤드윅은 여자다운 여자인 천생 여자가 되고 싶어 했다. 그러나 성전환 수술이 실패해 여자도 남자도 아닌 상태로 남는다. 그럼에도 여자가 되길 원했지만 세상은 그런 그를 받아주지 않는다. 마침내 헤드윅은 여자도 남자도 아닌 '사람'으로, 아니 있는 그대로의 모습인 헤드윅으로 커밍아웃한다. 공연 중 무대 위에서 여자가 되려 착용한 가발과 가짜 브래지어를 벗어 던지며 알몸으로 선 헤드윅은 당당하다. "나는 여자도 남자도 아니다. 나는 너와 함께 울고 웃는 헤드윅이다!"

우리는 우리의 정체성을 남자다움, 여자다움처럼 사회적인 '-다움'의 틀로 규정하려고 한다. 헤드윅은 '-다움'이라는

'상남자'와 젠더의 철학

사회적 폭력에 희생된 비극의 주인공이다. 결국 여자도 남자도 아닌 헤드윅임을 선언하는 결말은 사회가 바라는 남자다운 상남자가 아니라 자신이 생각하는 바람직한 남자의 모습을 담은 BTS의 노래와 같은 울림을 준다. BTS는 남자로 태어났지만 남자다운 상남자와 거리가 멀다. 찌질하고 안달하고 아등바등한다. 여자가 아파도 아랑곳하지 않는 마초 같은 쿨한 상남자의 모습을 보여야 하는데, 달려가 그 아픔을 함께 나누고 싶어 한다. 사랑하는 여자가 진짜로 원하는 남자가 되고 싶어 한다. 여자가 울라면 울고, 웃으라면 웃고, 구르라면 구르는 남자가 되고 싶어 한다. BTS는 사랑하는 여자에게 거듭 묻는다. 진짜로 네가 원하는 게 뭐냐고. 아마도 여자는 대답할 것이다. 아픔을 함께하는 따뜻한, 있는 그대로의 너를 원해!!!

이 내가 어떻게 변하면 되겠니, hol' up

밀당? 어장? 그런 거 난 잘 몰러

대신 아프면 119 말고 날 불러

네가 울라면 울어, 웃으라면 웃어, 구르라면 굴러 (…)

너의 남자가 될 거야 두고 봐

_BTS, 〈상남자〉

제2악장

섹스냐 젠더냐

BTS의 노래 〈상남자〉에 담긴 주어진 성 정체성에 얽매인 태도에 대한 비판을 잘 보여주는 철학은 주디스 버틀러Judith Butler의 젠더의 철학이다. 버틀러는 《젠더 트러블》에서 이렇게 말한다.

> 섹스[도] 젠더처럼 문화적으로 만들어진 것이다. (…) 섹스와 젠더는 구별되지 않는다.
>
> _버틀러, 《젠더 트러블》[4]

버틀러는 대표적인 여성주의 철학자다. 그는 지금껏 여성주의자들이 신주단지처럼 모셔온 자연적 성(섹스)과 사회적 성(젠더)의 구별을 허물어뜨리고 자신만의 독특한 3세대 여성 철학을 내놓는다. 그의 대표작 《젠더 트러블Gender Trouble》과 《젠더 허물기Undoing Gender》에 나오는 다음 두 사례는 버틀

'상남자'와 젠더의 철학

러의 문제의식을 잘 보여준다.[5,6]

첫 번째 사례는 여성적으로 걷는 한 소년이다. 또래 소년들이 그 소년의 걸음걸이를 보고 그를 죽였다. 버틀러는 사람들이 생각하는 것과 맞지 않는 성 정체성(젠더)이 있을 수 있다는 사실이 또래 소년들에게 성적 공황 상태를 불러와 소년을 죽였을 것이라고 이 사례를 해석한다. 남성다움이라는 사회적 성 정체성에 어울리지 않는 여성다움이 사회적 성 정체성에 혼란을 가져온 것이다. 젠더 트러블이다.

두 번째 사례는 조앤과 존의 사례인데, 이 둘은 사실 같은 사람이다. 조앤은 여자 이름이고 존은 남자 이름이다. 어떤 아이가 태어났는데, 포경수술을 하다가 의사가 실수로 성기를 잘라버렸다. 의사와 부모는 고민 끝에 이 아이를 여자아이로 살게 하자고 결정하고 조앤이라 불렀다. 하지만 아이는 여성이라는 성 정체성으로 살아가는 데 실패한다. 그는 열네 살에 여성이라는 성 정체성을 버리고 존이라는 남자아이로 살아간다. 젠더 허물기다.

물론 이 사례를 원래의 젠더로 돌아간 것이지 젠더가 허물어진 게 아니라고 해석할 수도 있다. 타고난 성은 인위적으로 바꾸려 해도 바꿀 수 없다는 성 본질주의다. 하지만 성 본질주의는 뜻하지 않게 사회적 성인 젠더 자체를 허물어뜨린다. 타고난 자연적 성을 사회적으로 바꿀 수 없다면 자연적 성과 사회적 성을 구분하는 것이 무슨 의미가 있을까? 버틀러는 원래의 젠더로 돌아간 게 아니라 또 다른 젠더 담론에 따르는 행위라고 이 사례를 해석한다. 다시 말해 욕구에 걸맞은 젠더를 선택해야 진짜 남성 또는 여성으로 인정한다는, 규범에 영향을 받은 사회적 담론에 따라 젠더를 선택한 것이다.

그렇다면 의사와 부모가 여성이라는 성 정체성을 선택한 행위는 어떨까? 버틀러는 이것도 특정한 젠더 담론에 따르는 행위라고 해석한다. 다시 말해 몸의 형태에 걸맞은 젠더를 선택해야 진짜 여성 또는 남성으로 인정한다는 규범에 영향을 받은 사회적 담론에 따라 젠더를 선택한 것이다. 그럼 이 아이의 타고난 성 정체성은 무엇인가? 여성인가 남성인가? 버틀러는 타고난 성 정체성(섹스)은 없다고 말한다. 버틀러는 모든 성 정체성은 규범에 영향을 받은 사회적 담론에 따라 사회적으로 만들어진다고 주장한다. 이러한 버틀러의 3세대 여성 철학은 앞 세대 여성 철학 또는 여성운동에 비교해 어떤 점이 독특할까?

여자란 무엇인가?
: 여자도 사람이다, 여자가 사람이다, 여자는 없다

여성 철학 또는 여성운동은 크게 세 세대로 나눌 수 있다. 1세대는 프랑스혁명 이후, 2세대는 68혁명 이후, 3세대는 1980년대 이후로 나눌 수 있다. 1세대 여성 철학자나 여성운동가 중 대표적 인물은 프랑스의 올랭프 드 구주Olympe de Gouges, 뉴질랜드의 케이트 셰퍼드Kate Sheppard, 영국의 에멀라인 팽크허스트Emmeline Pankhurst, 미국의 수전 앤서니Susan Anthony 등을 꼽을 수 있다. 이들은 양성평등을 주장하며 가장 상징적이고 핵심적인 운동으로 여성의 투표할 권리, 참정권을 요구했다. 구주는 1792년 《여성과 여성 시민의 권리선언》을 통해 "여성은 태어날 때부터 남성이 가지는 모든 권리를 가진다"고 선언했다.[7] "인간은 태어날 때부터 인간이 가지는 모든 권리를 가진다"는 프랑스혁명의 〈인간과 시민의 권리선언〉에 빗대어 인간을 여성으로 바꾼 것이다. 구주는 "여성이 사형대에 오를 권리가 있다면 의회 연설대에 오를 권리도 있다"고 주장했는데, 안타깝게도 그녀는 생전에 사형대에 오를 권리만 누렸다. 구주는 참정권을 요구하는 포스터를 붙이다 체포되어 처형되었다. 여성참정권은 20세기가 되어서야 인정되었으며, 사우디아라비아는 2015년에야 비로소 여성에게 참정권을 주었다.

대표적인 2세대 여성 철학자는 시몬 드 보부아르Simone de Beauvoir다. 보부아르의 여성 철학이 담긴 《제2의 성》은 1949년에 나왔지만 2세대 여성 철학이 본격적인 운동으로 펼쳐진 시기는 68혁명 이후다. 보부아르는 "여성은 태어나는 것이 아니라 만들어지는 것이다"라고 선언했다. 그녀는 여성 또는 여성다움이라는 성 정체성은 사회적으로 만들어진 제2의 성이라 선언했다.[8] 이때부터 비로소 자연적 성인 섹스sex와 사회적 성인 젠더gender가 구분되었다. 2세대는 양성평등에 머무르지 않고 여성 중심주의를 추구했다. 여성의 주어진 사회적 성 정체성을 거부하고 참다운 사회적 성 정체성을 추구했다. 따라서 2세대 여성운동을 젠더 운동이라 부른다. 1세대가 남자가 누리는 권리를 똑같이 누리게 해달라고 요구했다면 2세대는 여성의 사회적 성 정체성을 공동체의 이상으로 삼아 실현하고자 했다. 예를 들어 전쟁은 공격성이라는 남성의 사회적 성 정체성을 공동체의 이상으로 삼은 결과이며, 사교성이라는 여성의 사회적 성 정체성을 공동체의 이상으로 삼으면 평화를 실현할 수 있다고 주장했다.

대표적인 3세대 여성 철학자가 바로 버틀러다. 3세대는 퀴어주의queerism[9]라 부르는 탈양성주의를 추구한다. 성을 남성과 여성으로만 보는 이분법을 넘어서고자 한다. 버틀러는 섹스와 젠더의 구분에 토대를 둔 2세대 젠더 운동을 비판한다. 문제가 많은 여성이라는 개념에 집착하지 말고 그것을 허물고 넘어서자고 한다. 도대체 누가 여성인가? 사회적으로 여성인 사람이 자연적으로는 남성의 몸을 하고 있을 수도 있으며, 사회적으로 남성인 사람이 자연적으로 여성의 몸을 하고 있을 수도 있다. 사회적으로 여성인 사람이 여성인가, 자연적으로 여성의 몸을 하고 있는 사람이 여성인가?

> 나의 겉모습은 여성적이지만 나의 속 본성은 남성적이다.
> (…) 나의 겉모습은 남성적이지만 나의 속 본성은 여성적이다.
> _에스더 뉴턴, 《드래그 퀸》[10]

여자는 언제 여자가 될까?
여성은 언제 여성이 될까? 태어날 때 여성으로 태어날까?

버틀러에 따르면 아무도 여성으로 태어나지 않는다. 태어나고 난 뒤 의사가 "여자아이입니다"라며 '여자'라 부르면 비로소 여성이 된다. 물론 의사가 자기 마음대로 말하지는 않는다. 사회적 규범에 따라 그렇게 말한다. 여성은 처음부터 사회적으로 구성된다. 태어날 때 이미 정해진 자연적 성은 없다. 섹스는 더 이상 자연적인 것이 아니다.

하지만 여성의 성기와 남성의 성기가 있지 않은가? 이 명백한 몸의 특징을 어떻게 부인할 수 있을까? 버틀러는 여성의 성기나 남성의 성기라고 부르는 신체 부위도 사회의 담론을 통해 여성 또는 남성이라는 특정한 성질을 지닌 물질로 만드는 사회적 과정의 산물이라고 한다. 그러므로 순수한 자연적 몸이란 존재하지 않는다. 몸도 사회가 만들어낸 사회적 구성물이다. 여성이라는 자연적 몸은 없다. 여성이라는 사회적 몸이 사회적으로 만들어질 뿐이다.

여성이라는 사회적 성은 어떻게 만들어질까? 여성이라는 사회적 성은 권력에 영향을 받는, 더 정확히 말하면 권력의 규범에 영향을 받는 사회적 담론에 따라 만들어진다. 하지만 이때 영향을 주는 권력이 특정한 개인이나 집단에서 나온 것은 아니다. 푸코의 권력처럼 서로 대화를 나누는 담론 행위에 영향을 미치는 힘의 관계, 네트워크 자체가 권력을 행사한다. 권력의 주체가 따로 없다. 여성이라는 몸은 권력의 규범에 영향을 받는 일상적 담론 행위를 통해 만들어진다. 예를 들어 의사에게 태어난 아기가 여자인지 묻는 행위, 치마를 입을지, 머리를 기를지 묻는 행위 등을 통해 몸은 여성이라는 특정한 성질을 지닌 물질로 사회적으로 만들어진다. 이러한 수많은 담론 행위를 통해 만들어지기 때문에 마치 여성이라는 성질을 지닌 자연적 몸이 처음부터 있는 듯 믿게 된다.

이때 담론 행위에 영향을 주는 권력의 젠더 규범은 고정된 것이 아니라, 일상적인 담론 행위를 통해 생산되고 유지되며 강화되거나 약화되고 변형된다. 담론 행위는 언어 행위를 수행하면서 권력의 젠더 규범을 실현하는 동시에 재생산한다. 예를 들면 의사는 "여자아이입니다"라는 담론 행위를 수행해 특정 형태의 몸을 지니면 여성이라는 규범을 실현하는 동시에 재생산한다. 그러한 담론 행위를 통해 아이는 '그것'에서 '그녀'나 '그'가 된다. 물론 "의사가 여자래" "부모가 여자래" "자기가 여자래" 등 의사의 말을 반복적으로 인용하는 담론 행위가 뒤따라야 그 규범의 구속력이 강화된다.

하지만 권력의 젠더 규범은 담론 행위를 통해 약화되거나 바뀌기도 한다. 열쇠는 데리다의 주장처럼 같은 말을 같은 방식으로 두 번 반복할 수 없다는 데 있다. 똑같이 "여자입니다"라고 말해도 의사가 한 말과 부모나 자기 스스로 한 말은 다르다. 출생신고할 때, 입학 신청을 하거나 일자리를 구할 때, 여성 전용 공간 사용을 신청할 때 "여자입니다"라는 말은 똑같지만 다른 맥락 속에서 반복함으로써 의미가 변형된다. 반복은 의미의 변형을 낳고, 의미의 변형은 규범의 변형을 가져온다. 그래서 버틀러는 젠더에 관한 담론 행위를 수행한다는 것은 젠더 규범을 변형하는 정치적 행위라고 말한다. 이러한 정치적 담론 행위를 통해 여성이나 남성, 또는 퀴어라는 젠더의

'상남자'와 젠더의 철학

의미와 규범은 달라진다. 되고픈 너의 오빠, 되어야 하는 너의 남자가 가지는 의미가 달라진다.

버틀러에 따르면 젠더는 정해지지 않은 미지수다. 끊임없이 반복되는 담론 수행 행위를 통해 생산되고 소비되며 변형되는 확정되지 않은 '미지수'다. 여성이나 남성, 또는 퀴어라는 말은 의미가 확정되지 않고 다양한 담론 행위의 맥락에서 다양하게 변형되는 미지수다. 다시 말해 담론 수행 행위의 끊임없이 변하는 의미 자체가 젠더다. 젠더의 담지자는 사람의 자연적 몸이 아니라 문화적 헤게모니를 둘러싼 정치적 담론 수행 행위다.

행위자는 [담론 수행] 행위를 통해(…) [비로소] 만들어진다.

_버틀러, 《젠더 트러블》

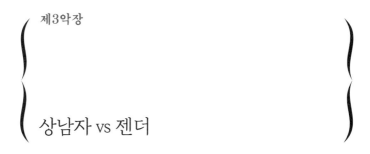

상남자 vs 젠더

BTS는 마초 같은 상남자가 되길 원하지 않는다. 왜일까? 남자답지 않고 찌질하지만 아픔을 함께 나누는 따뜻한 너의 남자가 되고 싶어서다. BTS에게 마초 같은 상남자가 되길 원하지 않는 삶은 어떤 것일까? 괜히 틱틱대고 씩씩대고 징징대며 찌질하게 시비나 걸게 되지만 네가 아프면 119 말고 나를 불러주길 원하는 삶이다. 네가 울라면 울고, 웃으라면 웃고, 구르라면 구르고, 남자다운 상남자라는 젠더 이미지에 얽매이지 않고 아픔을 나누며, 네가 진짜로 원하는 남자가 되고 싶은 자유롭고 따뜻한 삶이다.

버틀러는 젠더가 미지수라고 한다. 왜일까? 끊임없이 반복되는 담론 행위를 통해 생산되고 소비되며 변형되어서다. 버틀러에게 젠더를 끊임없이 변형되는 미지수로 여기는 삶은 어떤 것일까? 자연적 성과 사회적 성을 구분하지 않고 모든 성을 남성과 여성으로 보는 이분법을 넘어서는 삶이며, 끊

'상남자'와 젠더의 철학

임없이 창조적 담론 행위를 수행해 여자다운 천생 여자나 남자다운 상남자의 억압적 틀을 깨고, 어떤 성도 억압하거나 구속하지 않는 새로운 젠더로 변형하는 자유롭고 해방적인 삶이다.

여자는 만들어진다
: 늘이거나 줄여서 여자다움이라는 침대에 맞춰

아테네 왕 아이게우스가 트로이젠의 예언자에게 신탁을 물으러 갔다가 그의 딸과 사랑을 나누고 아들을 낳았다. 그가 그리스 영웅 테세우스다. 왕은 커다란 바위를 들어 올려 칼과 신발을 넣은 뒤 아이가 바위를 들어 올릴 만큼 자라면 아테네로 보내라고 말한다. 아이는 열여섯 살이 되자 바위를 번쩍 들어 올려 칼과 신발을 꺼내고 아버지를 찾아 아테네로 떠난다. 그 과정에서 테세우스는 온갖 괴물과 악당을 만나는데, 마지막 만난 악당이 프로크루스테스Procrustes다.

'잡아 늘이는 자'라는 뜻의 이름을 지닌 프로크루스테스는 잔인무도한 강도다. 그는 주막을 지어놓고 손님이 오면 잡아다 이른바 '프로크루스테스의 침대'에 눕혔다. 키가 큰 사람은 작은 침대에 눕혀 침대에 맞게 머리나 다리를 잘라내 죽였고, 키가 작은 사람은 큰 침대에 눕혀 침대에 맞게 몸을 잡아 늘여 죽였다. 테세우스는 프로크루스테스와 맞서 싸워 그를 사로잡았다. 그는 키가 큰 프로크루스테스를 그보다 작은 침대에 눕혔다. 머리가 침대 밖으로 나오자 프로크루스테스가 늘 그랬듯 머리를 잘라내 몸을 침대에 맞췄다. 온갖 괴물과 악당을 물리친 테세우스는 마침내 아테네에 도착해 아버지를 만났다.[11]

그리스 신화 〈프로크루스테스〉 이야기다. 이 이야기에서 비롯된 '프로크루스테스의 침대 같다'는 말은 다른 사람의 생각을 자신의 생각이나 기준에 맞게 억지로 끼워 맞추려는 폭력적이거나 융통성 없는 태도를 가리키는 말이다. 나는 '여성'이나 '남성'이기에 앞서 '나'다. '나'는 이른바 '여성' 또는 '남성'을 넘어서는 나만의 고유한 성이 있는 존재다. '여성' 또는 '남성'이란 범주에 억지로 끼워 맞추려고 하는 태도만큼 폭력적인 것은 없다.

누구나 살다 보면 여자다운 천생 여자나 남자다운 상남자가 되고 싶어 한다. 하지만 그러한 사람에겐 자유롭고 따뜻한 해방적 삶은 없다. 네가 울라면 울고, 웃으라면 웃고, 구르라면 구르며, 네가 아프면 119 말고 나를 불러주길 원하는 삶은 없다. 남자다운 상남자라는 젠더 이미지에 얽매이지 않고 아픔을 나누며, 네가 진짜로 원하는 남자가 되고 싶은 자유롭고 따뜻한 삶은.

꽉 잡아 날 덮치기 전에
내 맘이 널 놓치기 전에

Say what you want
Say what you want

       '상남자'와 젠더의 철학

네가 진짜로 원하는 게 뭐야[12]

.

.

.

.

.

.

.

너!
바로 너!

자유는 끊임없이 변형되는 젠더다
상남자가 되고 싶어 하는 이에겐
자유롭고 해방적 삶은 없다

Beyond the Scene
for Myself

"나를 떠나라!
그리고 내게 맞서라!"

_니체,《차라투스트라는 이렇게 말했다》

　자유는 성장이다. 자유로워진다는 것은 더 이상 세상에 의존하지 않고 온전히 홀로 설 수 있는 나로 성장한다는 의미다. 세상의 도움은 늘 파르마콘이다. 독이 든 당근이다. 성장을 돕지만 다른 한편으로 성장을 가로막는다. 아이러니다. BTS의 노래와 나의 철학도 마찬가지다.

　자유는 가르칠 수 없다. 스스로 깨우칠 수 있을 뿐이다. 자유롭게 산다는 것은 모든 생각과 행동이 나로부터 말미암도록 산다는 건데, 그 '나'가 저마다 다르기 때문이다. 모두에게 통하는 단 하나의 절대적인, 자유롭게 사는 비법 같은 것은 없다. 자유롭게 사는 방식은 사는 이에 따라 제각기 어울리는 방식이 따로 있다. 자유는 맞춤옷과 같다. 똑같은 자유는 없다. 저마다의 자유가 있을 뿐.

차라투스트라는 깨달음을 얻고 산에서 내려와 사람들에게 자유를 구속하던 신이 죽었다고 외치고 온전히 홀로 선 자유로운 초인이 되라고 가르친다. 그 가르침을 따르는 이들이 많아지자 차라투스트라는 다시 산으로 올라간다. 자유로운 초인이 되라는 가르침을 따를수록 오히려 그들이 자유롭지 못하게 되니까. 아이러니다. 스승을 떠나보내는 것을 못내 아쉬워하는 제자들에게 차라투스트라는 다시 돌아오리라 약속한다. 그를 '아니다, 아니다, 아니다!'라고 세 번 부인하면.

BTS는 노래로, 나는 철학으로 당신이 당신만의 자유를 스스로 깨우치는 것을 돕고자 하지만, 바로 그것이 당신만의 자유를 스스로 깨우치는 것을 가로막을 수도 있다. 자유롭게 살라는 우리의 가르침을 따를수록 당신은 오히려 자유롭지 못하게 된다. 아이러니다. 그렇다면 우리는 떠날 수밖에 없다. 헤어짐이 못내 아쉽다면 다시 돌아올 거라 약속한다. 우리를 '아니다, 아니다, 아니다!'라고 세 번 부인하면.

어떻게 자유를 스스로 깨우칠 수 있을까? Love myself! 나를 사랑하라! 그럼 어떻게 나를 사랑할 수 있을까? Beyond the scene for myself! 나를 위한 무대를 넘어서라! 나에게 맞서는 무대도 긍정하라! '내가 좋아하는 나'를, 긍정하고 싶은 나를 긍정하는 것은 쉽다. 누구나 쉽게 할 수 있다. 그렇게 는 나를 온전히 사랑할 수 없다. '내가 싫어하는 나'도, 부정하 고 싶은 나도 긍정해야 비로소 나를 온전히 사랑할 수 있다. 그러므로 나를 위한 무대를 넘어서는 일은 곧 나를 넘어서는 일이다. 부정하고 싶은 나를 넘어서는 일이다. 나를 넘어서는 나, 초인이 되는 일이다.

한편 자유는 나뿐 아니라 시대도 넘어서는 일이다. 나를 위한 시대라는 무대도 넘어서야 한다. 근대라는 새로운 시대 의 문을 열어젖힌 르네상스는 중세라는 시대를 넘어서려는 자유의 몸짓이었다. 신이 억압했던 인간의 자유를 되찾으려는 싸움이었다. 마침내 모든 영역에서 신이 차지했던 자리를 인 간이 되찾았다. 휴머니즘, 인간 중심주의의 승리였다. 하지만 개선장군이 독재자가 되기 쉽듯, 휴머니즘은 인간이 자유롭게 창조한 새로운 문화를 '-다움'[1]이라는 족쇄를 채워 성배처럼 숭배하기 시작했다.

현대는 제2의 르네상스다. 현대는 인간이 만든 '-다움'이 란 족쇄에 의해 억압된 인간의 자유를 되찾으려는 싸움이다. 현대음악은 조성이라는 음악다움의 틀을 깬다. 쇤베르크의 무 조음악이 그 예다. 현대미술은 원근법이라는 미술다움의 틀을 깬다. 세잔의 무원근법 미술이 그 예다. 현대 철학은 진리라는 철학다움의 틀을 깬다. 신(진리)의 죽음을 선언한 니체의 초인 철학이 그 예다.

우리 사회의 '-다움'은 내 속에 들어와 나도 모르게 몸에 밴다. 그래서 내 생각과 행동의 자유를 제한한다. 아이는 아이다워야 하고 어른은 어른다워야 하며, 남자는 남자다워야 하고, 여자는 여자다워야 한다. 이러한 '-다움'은 몸에 배면서 인간이 만들었다는 기원의 흔적이 사라지고 마치 처음부터 그랬던 것처럼 자연스러운 것으로 여겨져 제2의 자연이 된다. 하지만 '-다움'은 인간이 만든 문화적인 것이다.

문화는 우리의 자유를 확장하는 역할도 하지만 제한하는 역할도 한다. 이 '-다움'이라는 몸에 밴 마음은 이 '-다움'에 맞지 않는 나의 생각과 행동을, 그런 생각과 행동을 하는 나를 미워하게 만든다. 그러므로 내 생각과 행동이 오로지 나로부터 말미암는 온전한 자유를 위해 나를 온전히 사랑하려면, Beyond the scene of the times for myself! 나를 위해 나를 '-다움'이란 틀에 가두어 미워하게 만드는, 시대라는 무대도 넘어서야 한다.

BTS의 노래와 나의 철학이 당신의 마음 깊숙이 감추어져 있을지도 모르는 당신 자신을 쓰다듬고 다독이며, 당신의 모양에 맞는 자유를 스스로 깨우치도록 돕는 작은 마중물이 되었으면 좋겠다. 이제 모두 자유다. Dobby is free!

마음의 지도를 그리듯 현대 철학의 지도를 그려보자. 철학의 역사라고 할 수 있는 철학사는 고대·중세·근대·현대 철학으로 구분한다. 고대 철학은 서로마제국이 멸망한 5세기까지, 중세 철학은 동로마제국이 멸망한 15세기까지, 근대 철학은 19세기까지의 철학을 말한다. 이 책에서 다루는 현대 철학은 보통 20세기 이후의 철학을 의미한다. 현대 철학자들은 1·2·3세대로 나눌 수 있다. 1세대 현대 철학자들은 주로 19세기 후반에 태어나 20세기 초반에 활동했다. 2세대 현대 철학자들은 20세기 초반에 태어나 1세대의 전문 철학 분야를 계승해 발전시킨 사람들이다. 3세대 현대 철학자들은 20세기 중반에 태어나 최근에 죽었거나 지금까지 활동하고 있는 사람들이다.

	1세대	2세대		3세대	
생명철학	**니체,** 베르그송	현상학 해석학	메를로퐁티, 레비나스, 리쾨르, 가다머	커뮤니케이션 현상학	래니건
현상학	후설				
해석학	딜타이				
실존철학	야스퍼스, **하이데거**	실존철학	사르트르		
마르크스주의 사회철학	루카치, 그람시	후기 마르크스주의	베냐민, **프롬,** 아도르노, 호르크하이머, 마르쿠제, **하버마스,** 네그리, 아렌트	인정 사회철학	호네트
		자유주의 사회철학	**롤스,** 드워킨, 센, 노직, 테일러, 매킨타이어, 왈저	공동체주의 사회철학	샌델
실용주의	제임스, 퍼스, 듀이	신실용주의	**로티**	분석적 실용주의	브랜덤
분석철학	프레게, 러셀, 비트겐슈타인	언어철학	콰인, 오스틴, 퍼트넘, 설, 데이비슨	언어철학	크립키
		심리철학	퍼트넘, 김재권	심리철학	데닛, 처칠랜드
		과학철학	에이어, 카르납, 포퍼, **쿤,** 라카토스, 파이어아벤트	과학철학	라우든, 라투르
구조주의	소쉬르	구조주의, 후기 구조주의	**라캉,** 레비스트로스, 바르트, 알튀세르, **들뢰즈,** 푸코, **보드리야르,** 리오타르, **데리다,** 부르디외	후기 구조주의, 후기 마르크스주의	바디우, 랑시에르, 발리바르, 아감벤, 지젝

현대 철학 지도

정신분석학	프로이트	정신분석학	아들러, 융, **라캉**	신경정신분석학	솜스
		생태철학	요나스, 네스, 가타리	동물권 철학	싱어
		인지철학	마투라나, 푀르스터, 글라제르스펠트	몸에 밴 마음	바렐라, **김광식**
여성주의	셰퍼드, 팽크허스트, 앤서니	여성주의	보부아르	여성주의	크리스테바, 누스바움, **버틀러**

현대 철학 지도[1]

1세대 현대 철학자에는 니체, 베르그송, 딜타이, 후설, 야스퍼스, 하이데거, 루카치, 그람시, 듀이, 제임스, 퍼스, 러셀, 프레게, 비트겐슈타인이 있다. 철학자는 아니지만, 그 이후 철학에 중요한 역할을 한 사람들로 소쉬르, 프로이트, 셰퍼드, 팽크허스트, 앤서니를 들 수 있다. 1세대 철학자들은 아주 다양한 고유의 전문 철학 분야를 개척했다. 이때부터 철학에도 다양한 분야가 본격적으로 생겨나, 철학의 분업이 시작됐다. **니체**와 베르그송은 생철학이라고도 하는 생명철학을, 후설은 현상학을, 딜타이는 해석학을, 야스퍼스와 **하이데거**는 실존철학을 대표한다. 실존철학은 앞서 등장한 생명철학, 해석학, 현상학 등을 바탕으로 개발한 철학 분야다. 또 루카치와 그람시는 마르크스주의 철학을, 듀이, 제임스, 퍼스는 실용주의 철학을, 프레게, 러셀, 비트겐슈타인은 흔히 영미 철학이라고 이야기하는 분석철학을 개척했다. 이들은 철학의 대상을 세계가 아닌 언어로 삼고 방법론적으로는 분석이라는 독특한 방법을 사용해 유럽 대륙과는 매우 다른 철학을 만들어냈다. 언어학자인 소쉬르는 구조주의를, 프로이트는 정신분석학을, 셰퍼드, 팽크허스트, 앤서니는 여성주의라는 분야를 만들었다.

2세대 현대 철학자들은 20세기 초반에 태어나 1세대의 전문 철학 분야를 계승해 발전시킨 사람들이다. 예를 들어 메를로퐁티, 레비나스, 리쾨르, 가다머 같은 사람들은 현상학과 해석학을, 사르트르는 실존철학을, 베냐민, **프롬**, 아도르노, 호르크하이머, 마르쿠제, **하버마스**, 네그리, 아렌트는 마르크스주의 철학을, **로티**는 실용주의 철학을, 콰인, 오스틴, 퍼트넘, 설, 데이비슨, 에이어, 카르납, 포퍼, 쿤, 라카토스, 파이어아벤트는 분석철학을, **라캉**, 레비스트로스, 바르트, 알튀세르, **들뢰즈**, 푸코, **보드리야르**, 리오타르, **데리다**, 부르디외는 구조주의를, 아들러, 융, **라캉**은 정신분석학을, 보부아르는 여성주의를 이어받아 발전시켰다. 2세대 현대 철학자들은 자신의 고유한 입장을 잘 드러내기 위해 '포스트post' 또는 '네오neo'라는 꾸밈말을 붙였다. 후기 마르크스주의 철학, 후기 구조주의 철학, 신실용주의 철학처럼 포스트 대신 '후기'나 '탈脫', '네오' 대신 '신新'을 붙이기도 한다.

2세대 가운데는 독특한 자기만의 철학 분야를 개발한 사람들도 있었다. 미국 철학자인 **롤스**는 칸트를 불러와 사회계약론 관점에서 정의론을 만들어 유럽 대륙의 마르크스주의 철학과 겨루는 영미권의 자유주의 사회철학의 전통을 발전시켰다. 드워킨, 센, 노직, 테일러, 매킨타이어, 왈저는 롤스의 정의 철학을 둘러싸고 뜨거운 논쟁을 벌이면서 자유주의 사회철학의 대열에 동참했다. 에이어, 카르납 등은 비트겐슈타인의 철학을 과학 분야에 적용해 논리경험주의, 논리실증주의 또는 빈 학파라고 불리는 검증주의 과학철학을 내놓았다. 포퍼는 검증주의 과학철학을 비판하고 반증주의 과학철학을 내놓았다. **쿤**은 과학사 연구를 바탕으로 검증주의 과학철학과 반증주의 과학철학을 비판하고 패러다임 과학철학을 내놓았다. 라카토스는 쿤의 이론을 계승하고 발전시켜 연구 프로그램 과학철학을 내놓았다. 파이어아벤트는 쿤을 극단적으로 발전시켜 모든 방법이 가능하다는 극단적 과학철학을 내놓았다. 한편 독일 철학자 요나스와 노르웨이 철학자 네스는 20세기 중반에 생태 위기를 철학적으로 성찰하는 생태철학 분야를 개발했으며, 가타리는 욕망의 생태학적 전환을 시도하는 생태철학을 내놓았다. 다른 한편 마투라나와 푀르스터, 글라제르스펠트는 인지생물학, 인지과학, 인지심리학을 바탕으로 인지 현상을 연구하는 인지철학 분야를 개발했다. 또 보부아르는 여성의 권리를 주장하는 여성주의 철학을 내놓았다.

3세대 현대 철학자들은 20세기 중반에 태어나 최근에 죽었거나 지금까지 활동하고 있는 사람들이다. 이들은 자신만의 고유한 관점으로 2세대 현대 철학자들을 넘어서려 했다. 예를 들면 하버마스의 제자 호네트는 헤겔 철학을 바탕으로 마르크스주의 철학을 인정의 철학으로 재탄생시킨다. 샌델도 헤겔을 불러와 자유주의 사회철학을 넘어 공동체주의 사회철학을 내놓는다. 바디우, 랑시에르, 발리바르, 아감벤, 지젝도 자신만의 고유한 관점으로 후기 구조주의와 후기 마르크스주의 철학을 새롭게 탄생시킨다. 호주 철학자 싱어는 생태철학을 공리주의를 바탕으로 동물의 권리를 주장하는 생태철학으로 발전시킨다. 칠레 인지철학자 바렐라는 인지철학을 '몸에 밴 마음embodied mind'을 주장하는 인지철학으로 발전시킨다. 한편 크리스테바, 누스바움, **버틀러**는 앞선 여성주의를 이어받고 발전시켜 '성 평등'을 주장하는 여성주의 철학을 내놓는다.

프롤로그

1. 프리드리히 니체, (2008),《도덕의 계보Zur Genealogie der Moral》, Kultverlag.

Track 1. BTS vs 니체
'피 땀 눈물'과 초인의 철학

1. 네이버《WINGS》앨범 소개.
2. 같은 곳.
3. 헤르만 헤세, (2020),《데미안Demian》, Suhrkamp.
4. 프리드리히 니체, (2018),《차라투스트라는 이렇게 말했다Also Sprach Zarathustra》,
   Suhrkamp.
5. 대한성서공회, (2001),《성경전서The Holy Bible》.
6. BTS, (2016), 〈피 땀 눈물〉,《WINGS》, YG PLUS

Track 2. BTS vs 하이데거
'On'과 죽음의 철학

1. 네이버《MAP OF THE SOUL : 7》앨범 소개.
2. 같은 곳.
3. 로브 라이너, (2007), 〈버킷 리스트The Bucket List〉.
4. 포드사의 고급 스포츠카.
5. 마르틴 하이데거, (2006),《존재와 시간Sein und Zeit》, Niemeyer.
6. 마르틴 하이데거, (2007),《형이상학이란 무엇인가Was ist Metaphysik?》, Kloster-
   mann.
7. 토머스 불핀치, (2015),《신과 영웅들의 이야기Stories of Gods and Heroes》, Palala
   Press.
8. BTS, (2020), 〈ON〉,《MAP OF THE SOUL : 7》, YG PLUS

Track 3. **BTS vs 프롬**
'Dynamite'와 존재의 철학

1. 네이버 《Dynamite》 싱글 앨범 소개.
2. 어니스트 헤밍웨이, (2020), 《노인과 바다The Old Man and the Sea》, Scribner.
3. 에리히 프롬, (2013), 《소유냐 존재냐To Have or to Be?》, Bloomsbury Academic.
4. 요한 볼프강 폰 괴테, (2019), 〈발견Gefunden〉, 《괴테 시집Goethe Sämtliche Gedichte》, Suhrkamp.
5. 토머스 불핀치, (2015), 《신과 영웅들의 이야기Stories of Gods and Heroes》, Palala Press.
6. BTS, (2020), 〈Dynamite〉, 《Dymanite》, YG PLUS

Track 4. **BTS vs 하버마스**
'Am I Wrong'과 소통의 철학

1. '교육부 고위 간부 "민중은 개·돼지… 신분제 공고화해야"', 〈경향신문〉, 2016년 7월 8일.
2. 네이버 《WINGS》 앨범 소개.
3. F. 스콧 피츠제럴드, (2004), 《위대한 개츠비The Great Gatsby》, Scribner.
4. 위르겐 하버마스, (2019), 《의사소통행위이론Theorie des Kommunikativen Handelns》, Suhrkamp.
5. 대한성서공회, (2001), 《성경전서The Holy Bible》.
6. BTS, (2016), 〈Am I Wrong〉, 《WINGS》, YG PLUS

Track 5. **BTS vs 라캉**
'Fake Love'와 욕망의 철학

1. 네이버 《LOVE YOURSELF 轉 'Tear'》 앨범 소개.
2. 린 램지, (2011), 〈케빈에 대하여We Need to Talk About Kevin〉.
3. 자크 라캉, (2007), 《에크리Écrits》, W. W. Norton & Company.
4. 기술이란 무언가를 쓸모 있도록 만드는 수단이나 방법으로 보통 과학기술을 의미한다. 넓은 의미에서 과학기술뿐 아니라 제도나 관습 등 문화적 수단이나 방법을 문화기술이라 부를 수 있다.
5. 정유리, (2015), 《거꾸로만 하는 청개구리》, 키움북스.
6. BTS, (2018), 〈Fake Love〉, 《LOVE YOURSELF 轉 'Tear'》, YG PLUS

Track 6. BTS vs 들뢰즈
'쩔어'와 리좀의 철학

1. 네이버《화양연화 pt. 1》앨범 소개.
2. 헤르만 헤세, (2020),《수레바퀴 아래서Unterm Rad》, Suhrkamp.
3. 줄기가 뿌리처럼 땅속으로 뻗어나가는 땅속줄기 식물.
4. 질 들뢰즈·펠릭스 가타리, (1987),《천 개의 고원A Thousand Plateaus》, University of Minnesota Press.
5. 질 들뢰즈·펠릭스 가타리, (2009),《앙티 오이디푸스Anti-Oedipus》, Penguin Books.
6. 임정진, (2007),《혹부리 영감》, 비룡소.
7. BTS, (2015), 〈쩔어〉,《화양연화 pt.1》, YG PLUS

Track 7. BTS vs 보드리야르
'등골브레이커'와 시뮬라시옹의 철학

1. 네이버《Skool Luv Affair》앨범 소개.
2. 릴리 워쇼스키·라나 워쇼스키, (1999), 〈매트릭스The Matrix〉. 〈매트릭스〉는 〈등골브레이커〉의 문제의식을 잘 보여주는 보드리야르의 시뮬라시옹의 철학을 바탕으로 삼고 있다. 두 감독은 영화에서 이런 의도를 적나라하게 보여준다. 영화 앞부분에 주인공 네오가 책장에서 테이프를 숨겨둔 책을 꺼낼 때 제목을 크게 클로즈업하는데, 그 책이 바로 보드리야르의《시뮬라시옹Simulacra and Simulation》이다.
3. 장 보드리야르, (2016),《소비의 사회The Consumer Society》, SAGE Publications.
4. 장 보드리야르, (2019),《기호의 정치경제학 비판For a Critique of the Political Economy of the Sign》, VersoBooks.
5. 장 보드리야르, (2011),《암호Passwords》, VersoBooks.
6. 그림 형제, (2021),《백설공주Schneewittchen》, 인디고(글담).
7. BTS, (2014), 〈등골브레이커〉,《Skool Luv Affair》, YG PLUS

Track 8. BTS vs 데리다
'불타오르네'와 해체의 철학

1. 네이버《화양연화 Young Forever》앨범 소개.
2. 제롬 데이비드 샐린저, (2001),《호밀밭의 파수꾼The Catcher in the Rye》, Bay Back Books.
3. 자크 데리다, (2016),《그라마톨로지Of Grammatology》, Johns Hopkins

University Press.

4. 자크 데리다, (1981),《박차Spurs》, The University of Chicago Press.
5. 이솝, (2020),《이솝우화 진집Aesop, The Complete Fables》, 현대지성.
6. BTS, (2016),〈불타오르네〉,《화양연화 Young Forever》, YG PLUS

Track 9. BTS vs 롤스
'봄날'과 정의의 철학

1. 네이버《YOU NEVER WALK ALONE》앨범 소개.
2. 어슐러 크로버 르 귄, (2007),〈오멜라스를 떠나는 사람들The Ones Who Walk Away from Omelas〉,《바람의 열두 방향The Wind's Twelve Quarters》, HarperCollins.
3. 존 롤스, (1999),《정의론A Theory of Justice》, Belknap Press.
4. 이솝, (2020),《이솝우화 전집Aesop, The Complete Fables》, 현대지성.
5. BTS, (2017),〈봄날〉,《YOU NEVER WALK ALONE》, YG PLUS

Track 10. BTS vs 로티
'작은 것들을 위한 시'와 아이러니의 철학

1. 네이버《MAP OF THE SOUL : PERSONA》앨범 소개.
2. 드니 빌뇌브, (2016),〈컨택트Arrival〉.
3. 테드 창, (2015),〈당신 인생의 이야기Stories of Your Life〉,《당신 인생의 이야기 Stories of Your Life and Others》, Pan Macmillan.
4. 리처드 로티, (2008),《우연성, 아이러니, 연대Contingency, Irony and Solidarity》, Cambridge University Press.
5. 안도현, (2004),〈너에게 묻는다〉,《외롭고 높고 쓸쓸한》, 문학동네.
6. 이솝, (2020),《이솝우화 전집Aesop, The Complete Fables》, 현대지성.
7. 신해철, (1998),〈일상으로의 초대(Radio Mix)〉,《Crom's Techno Works》, 도레 미레코드.
8. BTS, (2019),〈작은 것들을 위한 시(Boy with Luv)〉,《MAP OF THE SOUL : PERSONA》, YG PLUS

Track 11. BTS vs 쿤
'We On'과 혁명의 철학

1. 네이버《O!RUL8,2?》앨범 소개.
2. 서머싯 몸, (2005),《달과 6펜스The Moon and Sixpence》, Penguin Books.
3. 토머스 쿤, (1996),《과학혁명의 구조The Structure of Scientific Revolutions》, The

University of Chicago Press.

4. 조너선 스위프트, (2013), 《걸리버 여행기Gulliver's Travels》, William Collins.
5. BTS, (2013), 〈We On〉, 《O!RUL8,2?》, YG PLUS

Track 12. **BTS vs 버틀러**
'상남자'와 젠더의 철학

1. 네이버 《Skool Luv Affair》 앨범 소개.
2. 네이버 《MAP OF THE SOUL : PERSONA》 앨범 소개.
3. 존 캐머런 미첼, (2001), 〈헤드윅Hedwig and the Angry Inch〉.
4. 주디스 버틀러, (2006), 《젠더 트러블Gender Trouble》, Routledge.
5. 같은 책.
6. 주디스 버틀러, (2004), 《젠더 허물기Undoing Gender》, Routledge.
7. 올램프 드 구주, (2014), 《여성과 여성 시민의 권리선언The Declaration of the Rights of Women》, Ilex Press.
8. 시몬 드 보부아르, (2011), 《제2의 성The Second Sex》, Vintage.
9. 퀴어queer는 성 소수자를 가리키는 포괄적인 말이다. 레즈비언lesbian, 게이gay, 바이섹슈얼bisexual, 트랜스젠더transgender, 인터섹스intersex, 무성애자asexual 등을 두루 일컫는다.
10. 에스더 뉴턴, (1968), 《드래그 퀸The Drag Queens》, The University of Chicago Press. 버틀러가 《젠더 트러블》에서 재인용. '드래그 퀸'은 여장한 남자를 일컫는다.
11. 토머스 불핀치, (2015), 《신과 영웅들의 이야기Stories of Gods and Heroes》, Palala Press.
12. BTS, (2014), 〈상남자(Boy in Luv)〉, 《Skool Luv Affair》, YG PLUS

에필로그

1. '-다움'은 클래식(고전)이나 캐논(표준)으로 여러 분야에서 따라야 할 기준이나 표준으로 쓰였다.

현대 철학 지도

1. 모든 분류가 그렇듯 분류는 단순화의 잘못을 저지르기 쉽다. 정작 당사자가 그런 분류를 마땅치 않게 여기는 경우도 많다. 무엇보다 2, 3세대로 넘어갈수록 앞선 다양한 철학을 창조적으로 계승하고 발전시킨 경우가 많다. 이 지도는 현대 철학에 처음 발을 들여놓는 이가 대강의 흐름을 짐작하는 데만 도움을 주고자 한다.